IDA LINNER

DAS GEHEIMNIS DEINES GEBURTSDATUMS

Einfache
Selbsthilfe mit spiritueller
Zahlenkunde

VOM ICH – ÜBER DAS DU – IN DIE ALL-EINHEIT
DES ICH BIN BEWUSSTSEINS

Ich – **D**u – **A**lle Verlag

ISBN: 978-3-200-03407-5
Verlag: Eigenverlag **I**ch – **D**u – **A**lle · www.ich-du-alle.com
Ida Linner · Brunnleitenweg 42 · 5061 Elsbethen
Covergestaltung und Umbruch: Media Design: Rizner.at
Hintergrundbild Cover: Recca Arya (info@recca-arya.de)
Druck: Druckerei Theiss, St. Stefan im Lavanttal

DANKSAGUNG

An meine wunderbaren Eltern, die mich genauso, wie es unseren gemeinsam geschaffenen Drehbüchern entsprach, erzogen und behütet haben.
Meine großartigen sechs Schwestern, die so vielseitige Trainerinnen für mein Leben waren und noch sind.
Meinem geliebten Seelenpartner Alfons, der seit dreizehn Jahren den Weg an meiner Seite so verständnisvoll und rechtschaffen geht.
Meinen einzigartigen Söhnen und ihren Vätern, die mich auf ihre außergewöhnliche Weise in meine Mitte „geschubst" haben und eine ganz besondere Art der Liebesfähigkeit entwickeln halfen.
Einen großen Dank auch meiner Nichte Sonja mit Partner Stephan, ohne Euch säße ich nicht am Computer und gäbe es dieses Buch nicht.
Ebenso meinem Neffen Thomas mit Partnerin Ulrike, die mit so viel Geduld das Layout und die Korrektur vorgenommen haben.
So gut, dass es Euch ALLE gibt!
Danke auch ALLEN übrigen wunderbaren Wesen, die ein Stück weit meinen Weg begleiteten.
Jede Begegnung hinterlässt Spuren.
Jede Begegnung mit Euch ist ein Geschenk.

DANKE FÜR EURE SPUREN UND GESCHENKE!

INHALT

TEIL I

Vorwort   9

Einleitung   11

1. **Am Anfang**   18
   Warum wir vergessen haben, wer wir sind

2. **Das Spiel**   20
   Warum wir bestimmte Vorbereitungen trafen

3. **Das Rüstzeug**   22
   Mit welchen Mitteln wir Schatten erzeugen können

4. **Die Spielregeln: Vergessen – Neu erfinden – Ausprobieren**   32
   Die sieben Körper des Menschen und die geistigen Gesetze

5. **Wie sich die Spielregeln auswirken**   45
   Persönliche Erlebnisse und praktische Beispiele

6. **Aufwachen**   74
   Der Wunsch, dass wir aus dem Spiel aussteigen

7. **Die Kraft der Sprache**   81
   Am Anfang war das Wort und es wurde Fleisch

TEIL II

8. **Das Suchen und Finden des Körperdatenschlüssels**   87
   mit einem Dank an Fritz Guggisberg

9. **Die Geschenke des Geburtsdatums entschlüsseln mit**   92
   Hilfe der spirituellen Zahlenkunde
   Die numerologische Auswertung mittels Pentagramm
   und Körperbild

10. **Das Pentagramm als Darstellung eines Menschen**   96
    Die Lebensaufgaben in zehn Feldern

11. **Die statischen und dynamischen Zahlen des**
    Pentagramms   100

12. **Das Geburtsdatum am Pentagramm, mit vier Beispielen**   101

13. **Zahleninterpretation für das Pentagramm**   106

14. **Komprimierte Zahlen am Pentagramm und Körperbild**   110
    Lösungsschlüssel für komprimierte Zahlen

15. **Die göttliche Heil-, Sexual- und Schöpfungskraft**   111
    erzeugt das Drehbuch
    Mit darstellender Grafik und Erklärung der Energiezentren

16. **Das Körperbild**   **114**
   Statische und dynamische Zahlenqualität
   Mit den Händen den Energieausgleich am Körper vornehmen
   Die inneren Achsenverbindungen

17. **Der Daten-Umwandlungsschlüssel**   **117**
   Beschreibung mit 4 Beispielen (männlich-weiblich)

18. **Erfahrungsberichte vom Pentagramm und Körperbild**   **125**

19. **Zahleninterpretation für das Körperbild**   **136**

20. **Positive Gedanken, Gebete oder Affirmationen als Unterstützung zum Energieausgleich**   **139**

21. **Lichtmeditation**   **142**

22. **Zahlenmeditation**   **150**

23. **Die Liebe**   **159**

24. **Heilungsgebet**   **161**

25. **Epilog**   **162**

TEIL EINS

VORWORT

Dieses Buch ist absichtlich in der DU- und WIR-FORM geschrieben, denn ich spreche Dich über die Seelenebene an und diese will „geduzt" werden.
　Die Sprache der Seele ist die ungetrennte, wertfreie, bedingungslose LIEBE.
　In ihr ist die gesamte Schöpfung im universalen „Seelen-Internet" geeint.

Des Weiteren möchte ich möglichst wenig „zu" (hält den Inhalt im Kurzzeitgedächtnis) und „ver" (im v e r drehten Denken und Sprechen des V e r standes, v e r gessen wir sehr schnell wieder das Wesentliche) im Sprachgebrauch anwenden, damit das geschriebene Wort kontemplativ bleibt (möglichst lange lebendig und erfühlbar).

Auch erhebe ich hiermit keinesfalls den Anspruch, dass ich die Schöpfungs-Geschichte detailliert erkläre, denn dann würde das bestenfalls eine naturwissenschaftliche Abhandlung sein und am eigentlichen Thema, welches ich hier übermitteln möchte, vorbei gehen.
　So lade ich Dich gleich am Anfang ein, dass Du, so gut es Dir eben möglich ist, den stählernen Helm des Verstandes für die Zeit des Lesens lockerst oder ablegst, denn dieser schließt viel Wesentliches aus.

Dass Du auf Dein Herz und Bauchgefühl achtest und Dich wie ein Kind ganz einfach überraschen lässt, ob Du vom Geschriebenen etwas Brauchbares für Dich übernehmen kannst.

Ich biete Dir hiermit nur eine von vielen möglichen Perspektiven als Angebot an. So wie einen liebevoll ausgebreiteten Mantel.

Wenn er Dir gefällt, kannst Du hineinschlüpfen, ausprobieren und fühlen, ob er für Dich stimmig ist.

Wenn dieses Denkkonzept für Dich nicht nachvollziehbar ist, dann hast Du offensichtlich eine andere, wunderbare Möglichkeit für Dich gefunden, wie Du aus den Prüfungen des Lebens bestmöglichen Nutzen für Dich ziehen kannst und Dich rundherum, innen und außen, wohl und glücklich fühlst.

Wie Du also vom ich (der Person, Deiner Rolle) zum Selbst (nach Hause in die innere Dreieinigkeit) gefunden hast und nun mehr ganz vom Selbst heraus lebst. Ich gratuliere und freue mich mit Dir!

EINLEITUNG

Seit einiger Zeit weiß ich, dass meine Erfahrungen am Weg nach Hause in mich SELBST – und damit meine ich in die innere Dreieinigkeit von Gottvater, Gottmutter und mich als Gotteskind (deshalb schreibe ich das Selbst auch groß), auch all jenen hilfreiche Unterstützung sein können, welche sich immer wieder einmal anzweifeln. Die den Sinn des Lebens in Frage stellen und sich gelegentlich auch Gedanken darüber machen, wie Gottes Liebe, Güte und Gerechtigkeit all unser menschliches Treiben mitansehen kann.

Wenn auf diesem Planeten zum Teil Grausames und Schreckliches geschieht. Warum so viel Ungerechtigkeit herrscht, usw.

Oft habe ich mich als Kind gefragt, wie es zum Beispiel gerecht sein kann, dass Kinder auf der einen Seite des Planeten dem Hungertod zum Opfer fallen, oder kaum eine Überlebungschance haben und auf der anderen Seite des Planeten Kinder als Folge von Übergewicht erkranken. Warum der einen Seite alle Möglichkeiten der Ausbildung geboten sind und der anderen keinerlei Chancen dafür angeboten werden. Gegensätze wie diese haben mich schon sehr frühkindlich neugierig gemacht. Aber fast alle Antworten, die ich auf meine Fragen erhielt, waren immer nur „halbwegs" ausreichend.

Etwas in mir ließ mich nicht zur Ruhe kommen. Ich wollte auch nicht glauben, dass Gott die Einen nach dem physischen Tod „nach Hause" in den Himmel nahm, weil sie getauft waren (so wurde mir dies in der Kloster-Schule gelehrt, im streng katholischen Denken also), und die Anderen sollten draußen bleiben müssen, nur weil sie nicht getauft waren. Dass also Gott ungetaufte Kinder scheinbar nicht ins Paradies einließ. Ich fragte mich auch, warum andersfarbige, andersgläubige Menschen oder auch ledige Kinder weniger Wert seien und es deswegen ebenso nicht ins Himmelreich schaffen würden?

Was war das für ein Gott? Der einerseits als so gütig und gerecht und andererseits als so grausam dargestellt wurde. Gedanken wie diese ließen mich suchen.
  Nun ja und wer suchet, der findet bekanntlich. So ist es mir eine große Ehre, wenn ich Dich am Gefundenen teilhaben lassen darf, obgleich ich weiß, dass es überhaupt nichts Neues gibt, sondern nur Zeitgemäßes. Ich freue mich, wenn ich Dich wieder daran erinnern darf, dass Du mehr bist, als Dein Körper und Deine Persönlichkeit.

EIN ÜBER ALLES GELIEBTES LICHTWESEN !

Vor mehr als 2000 Jahren hat einer der wunderbaren großartigen Mitmenschen, welcher das Spiel der Schattenerfahrung erfolgreich beendet hatte, indem er vom ICH zum SELBST gelangt ist und damit viele Wunder bewirkte – es folgendermaßen ausgedrückt:
  „Das und noch viel mehr könnt ihr auch, ihr seid allesamt meine Brüder und Schwestern im Licht."

Was glaubst du? Hat sich dieser wunderbare Bruder Jesus, der das Christusbewusstsein oder das Selbstbewusstsein erlangt hat, wohl geirrt?
  Was meinte Jesus wohl, in jener Zeit, als die meisten Menschen Analphabeten waren und er in Form von Gleichnissen die geistigen Gesetze gelehrt hat, mit seiner Botschaft:
  „Ihr seid allesamt schlafende Götter, keiner kommt zum Vater denn durch mich."

Damit meinte er sicher nicht seine Person, sondern die geistigen Lehren, die er in Form von Beispielen und durch sein Vorbild unterrichtet hat – als wohl der mutigste Aufklärer in jener Zeit.

Meinte er sich in Person (der Rolle, das Ego) oder meinte er sein SELBST (die Dreieinigkeit von GOTTVATER-, MUTTER-, KIND oder auch Seelen-, Körper- und Geisteinheit)?
Welche Instanz bezeichnete wohl Jesus mit den Worten:
„Nicht ich, sondern der Vater im Himmel."

Der Vater im Himmel ist Dein äußerster siebter Licht- oder Himmelskörper, welcher Dich immer schon mit Inspiration, den ersten Gedanken, als die väterliche, göttliche Führungskraft begleitet hat.
In ihm befindet sich auch die göttliche weibliche Energie, welche Dir mit Intuition, Deinem ersten Gefühl, als die göttliche Mutter, ihre bedingungslos liebende Unterstützung am Weg nach Hause zum Selbst angeboten hat.

Da Alles in Allem enthalten ist, im Großen, wie im Kleinen.
Oben und Unten, wie Außen und Innen, sind diese göttlichen Führungsenergien auch im innersten Seelen- oder Herzkörper.
Jene Instanzen eben, welche Dich, als ihren geliebten Sohn oder ihre geliebte Tochter, immer schon bedingungslos liebend durch alle von Dir in Person gewählten Erfahrungen begleitet haben.

Was für eine Instanz meinte wohl Jesus mit den Worten:
„Gott, der Vater, ist Dir näher als Dein Hemd, näher als Dein Atem?"

Vor zweitausend Jahren hat Jesus den großen männlichen Weltenzyklus eingeleitet. Das sogenannte Fischzeitalter, das nun vorüber ist.

Deshalb nahm er auch 12 Fischer als Jünger und die Mitra des Bischofs ist ein geöffnetes Fischmaul. Als das Symbol dieser gerade eben vergangenen großen Zeitepoche, des männlichen Prinzips.

Apostel Paulus hat den Priesterinnen in Rom die Macht genommen, denn nur sie konnten ein Todesurteil, das der Kaiser ausgesprochen hatte, aufheben.

Sie hatten also in jener Zeit mehr Macht als der Kaiser.

Der zweitausend Jahre dauernde weibliche Weltenzyklus, das Widder-Zeitalter, war damit beendet.

Nun sind wir in das Wassermann-Zeitalter gekommen, und die nächsten zweitausend Jahre geht es darum, dass wir nicht nur das Männliche oder das Weibliche in uns anerkennen.

Sondern die männliche u n d die weibliche göttliche Weisheit in uns würdigen. Somit auch in der gesamten Schöpfung, da ja Alles in Allem enthalten ist.

1985 sagte mein damals dreijähriger Sohn, als er morgens in die Küche kam:

„Mami, der liebe Gott ist nicht nur Mann, er ist auch Frau und ist auch Kind!"

Da kam einer der vier Hunde, die damals mit uns wohnten, und begrüßte ihn freudig wedelnd, und er fuhr fort:

„Er ist auch Hund", und sein Blick schweifte aus dem Fenster. Draußen sah er einen Mäusebussard am Futterbrett sitzen (es war Winter und eine tiefe, gefrorene Schneedecke), so endete er mit den Worten:

„Er ist auch Vogel, Mami."

Kinder sind dem Himmel (dem bewussten Sein) noch so nah, sie sprechen einfach und unmissverständlich die Wahrheit und Wirklichkeit aus.

Doch meistens werden sie nicht richtig beachtet und angehört, man – unser Verstand – tut es als kindliches Geschwätz ab.

> Oder wie der Buddhist sagt:
> „Gott schläft im Stein,
> wirkt durch die Pflanze,
> ist lebendig im Tier und sollte
> wach und bewusst im Menschen sein."

Der Satz aus der Bibel: „Der Mensch mache sich die Erde untertan," ist meist gründlich missverstanden worden.
Die Erde ist ein weibliches Wesen. Die Göttin, die uns trägt und nährt und die Bühne der Schattenerfahrung oder der Unbewusstheit ermöglicht.
Das weiblich Göttliche ist auch eines jeden Menschen Körper, die Materie (Mater = Mutter), durch die wir uns in der grobstofflichen Ebene entdecken dürfen.
Wenn die Göttin über den Körper ein Zeichen sendet, in Form von Symptom (Krankheit), so ist das eine liebevolle Einladung zum nach Hause kommen in sich Selbst. Denn jedes Symptom hat auch eine ganz klare Sprache über die Seelen-Geistebene. Hierfür gibt es mittlerweile viele Bücher am Markt.

So ist auch selbstverständlich das Männliche in jedem Menschen verankert. Es heißt, am Anfang war das Wort (der Gedanke, die Idee oder Inspiration) und es wurde Fleisch, es kam in die Materie.
Im Großen ist, wie im Kleinen, Alles in Allem enthalten. In jeder Zelle befindet sich die Plusenergie (männlich) und Minusenergie (weiblich).

Warum wohl suchen wir im Draußen, was wir nur im Drinnen finden können? Weil wir alle in das faszinierende Spiel der Trennung von uns Selbst gegangen sind und den Schatten oder die Unwissenheit erleben wollten.

Wir sind somit in die Illusion der Trennung von uns Selbst gegangen, auch Dualität genannt.

Gott-Vater-Mutter-Selbst haben sich nie von uns getrennt, wir wären gar nicht lebensfähig gewesen.

Ja, ganz richtig, L i e b e s, ich werde Dich von nun an so ansprechen und damit meine ich Dich, als das, was Du wirklich bist.

Ein über alles, wertfrei geliebtes, großartiges, multidimensionales, metaphysisches Licht- oder Seelenwesen, welches zum Erwachen eingeladen ist und sich somit wieder an sich SELBST, sein wahres, lichtvolles oder göttliches Sein erinnert.

Wie das geht, willst du wissen? Na ganz einfach – so wie alles Geniale ganz einfach ist.

Ich lade Dich ein, dass Du es nicht nur wissen, sondern auch fühlen und leben lernst. Dieses „Gottvater-Mutter und ich, als ihr Kind bin EINS."

Dies ist zwar grammatikalisch falsch, aber schöpfungsmäßig richtig.

In der Dreieinigkeit sein, das sogenannte Mysterium erleben.

So darf ich Dich in das Spiel begleiten, das wir gewählt haben und Dir zeigen, worum es ging und wie es überhaupt funktionieren konnte.

Ich wünsche mir, dass diese, meine Erfahrungen, auch zum besseren Verständnis für Dich SELBST führen und zur unbändigen Freude beitragen.

Des Weiteren wünsche ich Dir, dass Du viel Spaß am Dich SELBST finden hast. Sich SELBST suchen heißt: auf- oder entdecken, was lange Zeit zugedeckt und in Vergessenheit geraten war.

Ich kann Dir sagen, es gibt in Wirklichkeit nichts Faszinierenderes, Wichtigeres und Wesentlicheres als

DU SELBST!
IDA
ICH – DU – ALLE

ICH = erkenne Deine Persönlichkeit, die Rolle, die Du in dieses Erdenleben mitgebracht hast.
DU = dann entdecke Deine unerlösten, vergangenen Rollen im Anderen und bringe diese in die ALL-EINS-LIEBE Deiner Seele zur Versöhnung und Erlösung.
ALLE = und so bist Du wieder in der ALLEINHEIT des SEINS.
Die Illusion der Trennung vom SELBST – Deinem göttlichen Sein ist erlöst!

Komm, wach auf, Du bist mehr als Deine Persönlichkeit, die Rolle, sie spielt keine Rolle mehr!
Du bist ein wundervolles, großartiges, metaphysisches, geliebtes Licht- oder Seelenwesen!

1. AM ANFANG

Warum wir vergessen haben, dass wir Lichtwesen sind.

Als alles ein unendlich großes, in sich gebundenes Licht war, gab es kein ich, oder Du, oder die Anderen, sondern ganz einfach eben „nur" Licht, oder der, die oder das EINE, indem alles enthalten war.

Dieses Licht könnte auch als höchste Intelligenz, Universalkraft, Liebe pur, pulsierende Kraft, Ohm, Atem des Universums oder Gottvater-Mutterkraft, usw. bezeichnet worden sein.
 Kurz und bündig, das EINE eben, das alle Namen in sich trug. Nur gab es noch gar keine Bezeichnung, wofür auch, es gab ja „nur" Licht.

Doch irgendwann hat sich das EINE, das Alles ist, entschieden, dass es einen Teil von sich in Erscheinung treten lässt. Der andere Teil blieb unerschöpfliches Lichtpotenzial oder auch Gottvater-Mutter in der reinsten Form der Vollkommenheit. Licht ist Liebe und Liebe ist Licht.

Von jenem Teil, der in Erscheinung trat, entstanden vorerst Wesenheiten in feinstofflicher Form, als Kinder des Lichts, Lichtwesen oder auch Engel bezeichnet.
 Diese erlebten sich eingebettet in der Liebe und strahlten diese ganz von selbst aus, denn sie wussten, dass sie ein ungetrennter Teil der Göttlichkeit sind. Diese Lichtwesen weilten im friedvollen Sein und begegneten einander in Liebe und Wohlwollen.
 Und da jedem Lichtwesen bewusst war, dass es ein Ausdruck der Liebe von Gott-Vater-Mutter-Selbst sei, gab es auch kein Gefühl des mehr oder weniger Seins, als der Andere, kein besser oder schlechter.

Alle begegneten einander in Wohlwollen, Freundschaft und Liebe. Es gab weder Streit, noch Hass, oder Neid, oder sonstige Eigenschaften, welche uns als Aspekte der Dunkelheit oder des fehlenden Lichts bekannt sind.

Genauso wenig wie Dunkelheit vorhanden war, gab es den Zeitbegriff.
Die Ewigkeit oder Unendlichkeit ist eben zeit- und endlos.
Begriffe wie: Tage, Wochen, Monate, Jahre, Gestern, Heute und Morgen, Sekunden, Minuten, Stunden waren völlig unnötige, unbrauchbare Worte.

Genauso wenig gab es die Finsternis oder Unbewusstheit.
Alles geschah im Jetzt oder im Augenblick.
Ein jeder bewegte sich in vollkommener Sicherheit und der Geborgenheit des Seins und war sich der eigenen Schöpfungskraft bewusst. Vieles Wundervolle wurde durch diese unmittelbar erschaffen. Als Schöpfergötter fühlten wir uns getragen in der All-eins-Liebe, genährt im Licht, in der „Ich bin"-Bewusstheit.
Und so eingebettet im liebevollen, harmonischen, paradiesischen Sein, in dieser Alleinheit und Leichtigkeit des Seins, gab es eine pionierfreudige Gruppe der Lichtwesen – wohl ein sehr mutiger und experimentierfreudiger Teil, welcher ein erstaunliches Spiel wählte.
Und jetzt gleich vorweg, ob du es glaubst oder nicht LIEBES – Du bist ein solch mutiger Teil, der folgendes Experiment mit gewählt hat, nämlich das Sich-Selbst-Vergessen und Wieder-Entdecken.

Das Spiel der Schattenerfahrung, das Opfer- und Täterspiel, der Dualität, der Trennung also.

2. DAS SPIEL

Warum wir bestimmte Vorbereitungen treffen.

Sicher war es anfänglich die Faszination des Unbekannten, aber wohl auch die Gewissheit der wahren, göttlichen Seinsform.

Das Wissen also, dass die Stamm- und Ureltern, Gott-Vater-Mutter-Selbst, jeden Einzelnen ihrer geliebten Kinder, welche dieses mutige Experiment gewählt hatten, ganz von SELBST hindurch begleiten würden. So wie bedingungslos liebende Eltern dies tun – sie geben dem Kind das Beste mit, nämlich sich SELBST.

So geschah es jedenfalls, dass die Gruppe jener mutigen Pioniere Vorbereitungen trafen und sich überlegten, was sie in Erfahrung bringen wollten und wie sie diese Erfahrungen überhaupt erzeugen konnten.

Wir alle, die in dieses Spiel gingen, stellten uns folgende Fragen.

- Wie fühlt sich aus der Liebe gefallen sein an?
- Wie fühlt sich Macht über Andere und Ohnmacht an?
- Wie fühlt sich Schuld, Last und Schwere an?
- Wie fühlt sich Schmerz und Krankheit an?
- Wie erlebt sich Dunkelheit und Leid?
- Wer oder was bin ich?
- Wie erlebt sich Unwissenheit?

Die Liste wäre noch lange weiter führbar, wie zum Beispiel alle Aspekte oder Eigenschaften der Dunkelheit. Gefühle wie Angst, Trauer, Hass, Neid, Gier, Wut, Zorn, Eifersucht, Habsucht, Machtsucht, Geltungssucht, Herrschsucht, überhaupt alle Arten von Süchten, Krankheiten,

Armut, jegliche Art von Mangelerfahrung, jede Erfahrung von Verlust, jegliche Gegensätze. Die Erfahrung von Licht und Schatten, Gut und Böse.
Alles was Dualität in sich birgt.

Damit wir dies alles erfahren konnten, haben wir entsprechende Vorkehrungen getroffen und Spielregeln erdacht. Als allererstes kam uns die Idee, dass wir eine geeignete Bühne bräuchten. So ließ also die Vater-, Mutter-, Selbstkraft durch einen Urknall viele Teile von sich entstehen. Unter anderem einen Planeten, den wir als Erde kennen, der alle Voraussetzungen dafür bot.

Es wurden auch entsprechende Lichtkörper angebracht, auch als Sonne, Mond und Sterne bekannt, Scheinwerfer also, welche die Bühne in unterschiedlicher Form und Kraft erhellten. Somit entstanden schon einmal Tag und Nacht, Hell und Dunkel, Licht und Schatten.

In der Zeitlosigkeit, in der wir uns als Lichtwesen erlebten, entschlossen wir auch, dass dieses Spiel nicht endlos erlebt werden sollte, so erschufen wir auch den Zeitfaktor.

Diesen koppelten wir an den Rhythmus der Sonne, des Mondes und der Sterne.

Danach haben wir uns alle mit dem Rüstzeug ausgestattet, das für das Spiel der Schattenerfahrung brauchbar war.

Wir erhielten alle von der Vater-Mutter-Selbstkraft folgendes:

3. DAS RÜSTZEUG

Mit welchen Mitteln wir Schatten erzeugen können.

☆ Der Geist
☆ Verstand oder Intellekt
☆ Die Schöpfungs-, Heil- oder Sexualkraft
☆ Das Denkzentrum
☆ Das Vorstellungs-, Einbildungs- und Visualisierungszentrum
☆ Die Gefühls-, Überzeugungs- oder Glaubenskraft
☆ Der freie Wille

☆ Der Geist

Der Mensch ist ein Geistwesen. In seiner reinen ursprünglichen Form, ein heiliges (heiles) Wesen. Eingebettet in der All-eins-Liebe von Gott-Vater-Mutter-Selbst wird er den Geist heilsam, auch bekannt als heiligen oder heilen Geist benützen. Dies ist beim Säugling und Kleinkind noch der Fall. Kinder sind noch ganz verbunden mit der inneren „Stimme" von Gott-Vater-Mutter-Selbst und den Engeln.

Letztere sind jene Brüder und Schwestern des Lichts, welche in der feinstofflichen oder höher schwingenden Ebene geblieben sind, die wir oftmals Himmel nennen. Sie haben sich nicht für das Spiel des Vergessens entschieden oder es schon erfolgreich abgeschlossen.

Die kleinen Kinder sprechen den ersten Gedanken aus, als Inspiration, dies ist die innere männliche göttliche Führungskraft. Oder sie drücken das erste Gefühl aus, dies ist die Intuition, die innere weibliche göttliche Führungskraft.

Kinder sprechen die Wahrheit oder die Wirklichkeit aus, sofern sie dafür schon das Vokabular kennen, deshalb hat Jesus schon vor nun mehr als 2000 Jahren gesagt: Wenn ihr nicht werdet wie die Kinder, könnt ihr nicht in das Himmelreich einkehren. Im Volksmund sagt man deshalb auch:

„Kinder und Narren sprechen die Wahrheit und Wirklichkeit aus."

Bis zu zirka drei Jahren sieht beinahe jedes Kind auch noch in den feinstofflichen Bereich und bestaunt die Welt frei von Bewertung.

(Das tut nur ein Verstand – er bewertet.)

Es sieht Engel als jene Brüder und Schwestern im Licht, die nicht das mutige Spiel der Schattenerfahrung gewählt haben. Ebenso sieht es auch Naturwesen, Elementarwesen sowie unerlöste Seelen, die ihre physischen, grobstofflichen Körper schon verlassen haben, jedoch noch erdgebunden sind. (Aus welchen Gründen auch immer, derlei gibt es viele.)

Spätestens dann, wenn die Fontanelle (weiche Stelle am Oberhaupt) zugewachsen ist, übt das Kind die Identifikation mit seiner Rolle, der Persönlichkeit. Es benutzt behutsam den Verstand, welchen es für das Spiel der Schattenerfahrung mitgebracht hat.

Meist beginnt genau dann das sogenannte Trotzalter, ungefähr zwischen zwei und drei Jahren. Ab dieser Zeit benützt das Kind immer öfter das Werkzeug „Verstand".

Ausnahmen sind zum Beispiel Kinder mit dem Down-Syndrom, hier ist die Fontanelle noch viel länger offen. Deshalb werden sie auch als die Engel auf Erden genannt. Sie unterstützen die Menschen in ihrer Umgebung auf ihre Art, dass diese die wahre, wertfreie Liebe leben lernen.

Vom Zeitpunkt, an dem die Fontanelle zugewachsen ist, wird der Mensch nicht mehr unmittelbar direkt über die Fontanelle mit Lichtkraft genährt. (Näheres hierfür Kapitel 17 Das Körperbild)

Sondern der Mensch erhält ab dann an verschiedenen Körperorten Energie, welche über das Geburtsdatum errechenbar sind.

Genau so, wie sie dem mitgebrachten Drehbuch entsprechen.

☆ Der Verstand oder der Intellekt

Wie die Weisheit der Sprache es schon deutlich ausdrückt, v e r - s t e l l t der V e r s t a n d sich von der inneren Einheit (er dreht die Person von der inneren Dreieinigkeit des Vater-Mutter-Kind-Lichtwesens nach außen) und orientiert sich an dem, was man (= das vom Verstand Erschaffene) draußen macht.

Er, der Verstand, übernimmt also vermehrt die Führung.

Aus der inneren Kommune (der Ursprungsfamilie, der Dreieinigkeit) entfernt, imitiert er, was die irdischen Eltern, welche sich für die jeweilige Rolle optimal geeignet haben, sagen. Desgleichen orientieren sie sich daran, was die übrigen Mitspieler, als Angehörige, Nachbarn, Bekannten und sogenannte Fremde vorleben.

Je weiter sich das Menschenwesen von seinen lichtvollen inneren Eltern – die es mit Inspiration, Intuition und wertfreier, bedingungsloser Liebe unterstützen und begleiten – entfernt, sich nicht mehr daran orientiert, diese sogar verdrängt, umso besser ist die Schattenerfahrung möglich.

Es beginnt das Spiel der Bewertung und der Trennung von sich Selbst.

Der Verstand erschafft durch enges Denken viel Angst und Aberglauben. Dadurch wird das Schattenspiel erst richtig lebendig. Der Mensch erschafft also mit dem Werkzeug „Verstand" die Scheinbarkeit (auch Illusion genannt) und benennt diese dann als „die Wirklichkeit".

Was ihn von der inneren Einheit entfernt, das erzeugt Schatten.

Licht (das Bewusstsein) gibt Licht, nur was sich vom Licht entfernt, sich gegen das Licht stellt, wirft eben Schatten.

Dies geschieht solange, bis dem Einzelnen der Schatten, oder besser gesagt, das Leiderlebnis leid genug geworden ist. Dann geht der Mensch bekanntlich auf die Suche nach sich Selbst und damit beginnt wieder die spannende Entdeckungsreise. Er deckt damit auf, was lange durch den Verstand und Intellekt zugedeckt, verdrängt oder in Vergessenheit geraten war. Wie heißt es so schön:

„Wer suchet, der findet."

Oder, wie über dem Tempel von Delphi steht:

„Mensch, erkenne dich selbst" und im Inneren des Tempels steht weiter, „… dann erkennst du Gott."

☆ Die Schöpfungs-, Heil- oder Sexualkraft

Die Schöpfungs-, Heil- oder Sexualkraft ist die mittlere Kraft des Lichts. In der fernöstlichen Philosophie wird sie auch als die Kundalinikraft bezeichnet.

Wenn wir uns das gebündelte Licht im Prisma ansehen, entstehen die sieben Regenbogenfarben rot, orange, gelb, grün, hellblau, indigoblau und violett.

Das grün, als die mittlere Farbe des Lichts, strahlt schon vom Embryo im Mutterleib als die göttliche Heilkraft großzügig von Innen nach Außen.

Sie ist für die Mutter gedacht, als Geschenk dafür, dass sie dieses Kind austrägt.

In der Schöpfung ist nichts einseitig, alles ist im göttlichen Austausch. Wenn dann das Kind geboren ist, fließt diese grüne Heil-, Sexual- und Schöpfungskraft als Heilschwingung außerhalb des grobstofflichen, physischen Körpers im Energiekörper. Diese Kraft wirkt als Jungbrunnen und sorgt für Heilung. Sie gehört als Dank und Geschenk jenen, die das Kind betreuen. Deshalb wurde auch in alten Zeiten gesagt:

„Bringt die Kinder zu den Alten und Kranken, sie wirken erquickend und heilend."

Diese Kraft sammelt sich in der Pubertät und sinkt über die Wirbelsäule hinein in das Becken. Dort fließt sie als liegende Acht, die Unendlichkeitsschwingung.

Die vordere Hälfte der Acht im Beckenbereich birgt die männliche Schöpfungskraft als die Plusenergie (+) in sich.

Der übrige vordere Körperbereich schwingt bei jedem Menschen in der weiblichen Energie als die Minuskraft. Ungeachtet ob er sich im grobstofflichen Körper gerade in einer Frau- oder Mann-Rolle befindet.

Die rückwärtige Hälfte der Acht im Beckenbereich birgt die weibliche Schöpfungskraft als die Minusenergie (−) in sich.

Der übrige rückwärtige Körperbereich schwingt männlich, als die Plusenergie. Es ist wie beim Yin Yang-Zeichen. Immer ist Alles in Allem enthalten, im Kleinen, wie im Großen. So ist auch in jeder Zelle Plus & Minus, männlich & weiblich, Gott & Göttin Kraft.

(Siehe Grafik auf Seite 113)

Von der männlichen Schöpfungskraft (im vorderen Beckenbereich) gibt es eine innere Direktverbindung zum Hinterkopf. Dort befindet sich das

✮ Denkzentrum (Hinterkopf)

Auch als das Computerzentrum Gehirn oder Ratio (= Verstand), das männliche Prinzip genannt.

Ab der Pubertät, wenn die Schöpfungskraft in das Becken gesunken ist, werden alle Gedanken, welche der Mensch erschafft, durch die ureigene männliche Schöpfungskraft befruchtet, ungeachtet, ob er heil oder unheil denkt.

Von der weiblichen Schöpfungskraft aus, gibt es im Gegensatz dafür, eine innere Direktverbindung zur Stirn. Hier befindet sich das

✮ Vorstellungs-, Einbildungs- und Visualisierungszentrum (Stirn)

Oft auch das 3. Auge bezeichnet. Es ist das bildhafte oder weibliche Prinzip.

Zum Gedanken machen wir uns ganz automatisch innerlich ein Bild. Wir stellen uns etwas vor, bilden uns etwas ein oder visualisieren.

So werden ab der Pubertät durch die ureigene weibliche Schöpfungskraft alle inneren Bilder befruchtet.

Als nächste erschaffende Komponente bekamen wir mitgeliefert:

✮ Die Gefühls-, Glaubens- oder Überzeugungskraft

Diese befindet sich in der Körpermitte im Bauch, Solar Plexus, Sonnengeflecht, auch als das Wahrnehmungs- und Gefühlszentrum oder die „Radarschüssel ins Universum" genannt.

Beeindruckt durch das Gefühl, den Glauben oder der Überzeugung erscheinen nach der Gesetzmäßigkeit der Zeit, in der wir in grobstofflicher oder verdichteter Materie eingebunden sind, der befruchtete Gedanke und das befruchtete Bild früher oder später in der Materie.

In Wirklichkeit geschieht Schöpfung immer im Augenblick, im Jetzt.
Wann das Erschaffene in der Materie erscheint, bestimmen hauptsächlich die Intensität des Gefühls, des Glaubens oder der Überzeugung und der Zeitfaktor sowie dessen Energiepotential.
Die Technik ist mittlerweile dem menschlichen System oder dem Erschaffungsprinzip nachgefolgt, etwa vergleichbar mit dem Computer.
Die Tastatur ist der Hinterkopf, hier erzeugen wir durch den Gedanken das Wort, der Bildschirm die Stirn, wir machen uns ein Bild und der Drucker ist der Bauch. Durch die Überzeugung oder den Glauben erscheint das Erschaffene, nach der Gesetzmäßigkeit der Zeit, früher oder später in der Materie.

Teil des Spiels war, das wir vergessen haben, dass wir durch unsere eigenen Gedanken, deren Bilder und Gefühle erschaffend tätig sind!

Durch den Zeitfaktor hat es auch immer ein Weilchen gedauert, bis sich die unkontrollierten Gedanken, Bilder und Gefühle in Form brachten.
Somit war es überhaupt erst einmal möglich, dass wir uns im Laufe der Zeit als Drehbuchautoren, besser noch als großartige Dramaturgen entpuppten. Nicht nur das, wir haben diese Dramen auch noch selbst mitgespielt. Wir sind somit auch noch auf der Bühne des Lebens als hervorragende Hauptdarsteller (Schauspieler) aufgetreten.

Ganz genial war, dass wir in den laufenden Rollen bereits die nächsten Rollen auf der Bühne des Lebens produziert und somit vorgesorgt haben, dass das Spiel nicht so schnell beendet wird. Super genial!

Als Person (nur zur Erinnerung – heißt ja auch „die Rolle") sind wir verbunden mit all jenen, die mit uns auf der Bühne des Lebens schon vor dieser gerade aktuellen Rolle, Erfahrungen gesammelt oder Gemeinsames erschaffen haben.

An der Grafik im Kapitel 15 (Seite113), siehst du auch an den grünen Verbindungsstrahlen, dass – wenn der Mensch wach ist und denkt – sich die grüne weibliche und männliche Strahlung im Herzbereich begegnet (sie kreuzt sich auf der Seelenebene). Deshalb kann jeder Mensch in Wirklichkeit mit seinen eigenen Händen heilen. Diese sind die Verlängerung und Werkzeuge des Herzens. Auch dies haben wir vergessen und lange Zeit haben wir gemeinsam vereinbart, dass sich nur Eingeweihte dieser Kraft offiziell bedienen dürfen.

Nämlich Priester und Ärzte, sie haben sich das Segnen, Handauflegen und Heilen vorbehalten.

Dem Rest der Menschheit wurde im Spiel des Vergessens diese Kraft vorenthalten. Sie wurde oftmals als negativ bezeichnet, verteufelt oder auch missbraucht.

Viele von uns haben die Erfahrung als Heiler (Hexer) oder Heilerin (Hexe) erfahren, an denen wir am Scheiterhaufen gelandet sind, weil wir uns der Heilkraft uneingeweiht bedienten. Hexa = die 6 heißt Entdecken, Suchen und Finden der Heil-, Sexual- und Schöpfungskraft – diese aus ihrer Verbannung und den Missbrauch befreien.

Wir haben auch genauso die Erfahrung der Machtrolle erlebt und in dieser einst Heiler eliminieren lassen.

Beidseitige Erfahrungen gehörten zum Spiel der Schattenerfahrung. (Opfer- und Tätererfahrungen haben gleich viel Gültigkeit.) Der Arzt verpflichtete sich ursprünglich vor dem Äskulapstab (dieser symbolisiert die Wirbelsäule des Menschen und die grüne Schlange deutet die Heilkraft an), dass er die ureigene Heilkraft des Menschen wieder ganzheitlich in den Fluss bringt.

Ich habe schon viele Ärzte darüber befragt, bei wem sie den Schwur abgegeben haben. Mit dem Pharmakonzern oder dem wahren Sinn und der Aktivierung der ureigenen Heilungskraft des Menschen. Ganz vielen fehlt diese Kenntnis. Dieses Wissen wird auch meiner Meinung nach an der medizinischen Fakultät nicht mehr gelehrt.

Mit Chemie bleibt die Heilkraft des Menschen blockiert und so wird der Mensch abhängig und zum Opfer der Chemiegesellschaft.

Noch in meiner Kindheit war das Schlangensymbol vor der Apotheke grün. Heute ist die Schlange in rot dargestellt. Das bedeutet Chemie, die Pharmazie ist offenbar gar nicht interessiert, dass die Heilkraft des Menschen aktiviert wird. Dies alles gehört zum Spiel der Unbewusstheit, der Macht- und Ohnmacht-Erfahrung.

Homöopathie aktiviert die eigene Heilkraft im Menschen wieder.

Genauso wie jeder Mensch die ureigene Heilkraft über die Hände kanalisieren kann, ist er auch als Geistheiler fähig.

Indem er durch bewusstes, gesundes, heiles Denken, Vorstellen und Glauben (in das Gefühl „es ist so" gehen) für sich und seine Welt entsprechendes erschafft.

☆ Der freie Wille

Mit diesem hat jeder Mensch die Wahl, ob er eigenwillig (personell) mit dem Werkzeug „Verstand" oder „Intellekt" handeln will und damit Schicksal (es wird ihm dann geschickt, wie die Weisheit der Sprache es klar zum Ausdruck bringt) erschaffen möchte.

Jeder Mensch kann mittels freien Willens wählen, ob er das Dramenspiel und damit Umwege oder Sackgassen, aus denen der Mensch dann wieder mühsam herausfinden darf, weitererzeugen möchte.

Vielfach sind es vertraute Wiederholungen aus dem jeweiligen Leben oder auch aus vorhergegangenen Lebensrollen.

Der Mensch kann auch jederzeit den Weg der inneren Weisheit, geführt von Inspiration und Intuition, wählen.

Dieser ist auch als „der goldene Weg der Bewusstheit" bekannt.

Hier wird im sogenannten „reinen folgenlosen Tun" gewirkt, frei von dunklem Schicksal. Es geschieht in der Einheit mit Liebe und Weisheit, das Richtige zur richtigen Zeit für alle Beteiligten.

(Näheres im Kapitel 6 „Aufwachen".)

So wunderbar ausgerüstet, konnte also das Spiel bestens funktionieren.

4. DIE SPIELREGELN

Vergessen – Neu erfinden – Ausprobieren

Beim großartigen Augenblick der Zeugung des irdischen Körpers, der für die erschaffene Bühnenerfahrung benötigt wird, ist die Seele als das Lichtwesen anwesend und feiert dieses für sie so wichtige Ereignis mit.

Gleichwohl hat sie jeweils sehr sorgfältig gewählt, dass der richtige Zeitpunkt, Ort und die Mitspieler (Eltern, Verwandtschaft, Nachbarschaft, Kindergarten- und Schulkollegen, Lehrer, Vorgesetzter, usw.) passend sind.

Während der Schwangerschaft, in der das Embryo heranwächst, wird alles, was die Mutter in dieser Zeit erlebt hat, auch schon im Ungeborenen in der Zellinformation gespeichert. Auch die genetische Konstellation der Eltern wird mit eingespeichert, als sogenanntes „Einstiegsprogramm oder Sprungbrett in das Erdenleben".

Die Schöpfung „verschöpft" sich keinesfalls, sondern alles entspricht dem Prinzip der Resonanz, einem der geistigen Gesetze. Nach dem Gesetz von Ursache und Wirkung erhält somit jede Seele für die Bühnenerfahrung genau das, was einst im unbewusst personellen Sein verursacht wurde.

Dem Drehbuch entsprechend trifft sich die Seele auch wieder mit genau jenen Mitspielern, mit denen sie Disharmonie erschaffen hat, damit diese wieder gemeinsam in Ordnung gebracht werden kann.

Natürlich hat ein jeder ein anderes „Kostüm" (Körper). Oft werden einfach die Rollen getauscht. Zum Beispiel, der vorher die Opfererfahrung gewählt hat, erlebt dann die Tätererfahrung. So kann das zum „Pingpong"- Spiel werden, solange, bis es einem von beiden reicht und dieser auf die Suche nach sich Selbst geht.

Wir haben nicht nur die Aufgaben mitgebracht, sondern auch die dafür geeignete Lösung. Beides ist über das eigene Energiebild einfach erkenn- und behandelbar. (Näheres Kapitel 15 „Das Körperbild")

Dann beginnt die Versöhnungsarbeit und Heilungsarbeit mit sich Selbst und natürlich auch mit den übrigen Teilnehmern.

Wenn eine Person in sich nach Hause gekommen und erwacht ist, hilft sie gleichzeitig unzähligen Mitspielern, denn es werden die entsprechenden Lichtkräfte zur Erlösung des gemeinsam erschaffenen Drehbuchs gesandt. Gleichzeitig werden die Personen aus jeglicher Bewertung oder Schuld entlassen und dadurch von krankmachender oder dunkler Energie befreit.

Die geistigen Gesetze sind in jedem Menschen verankert als das gewisse, innere Wissen oder auch Gewissen genannt. Diese sind im Bauchbereich angelegt und jeder Mensch hat die Möglichkeit, dass er sich im irdischen Leben auch danach richtet (dem ersten Gedanken oder Gefühl Folge leistet).

Doch im Spiel des Vergessens haben wir vorerst einmal geübt, wie man diese verdrängt, damit wir das Dunkle und die Unwissenheit überhaupt erleben und erzeugen konnten.

Deshalb achteten wir meistens nicht auf Inspiration und Intuition, unsere inneren weisen Führungskräfte.

Neben der inneren Führung von Gott-Vater-Mutter-Selbst haben wir auch noch jede Menge andere Unterstützung.

Wie zum Beispiel die Gruppe jener Lichtwesen, welche sich als die sogenannten „Hüter des Schicksals oder Karmas" angeboten haben.

Letzteres kommt aus dem fernöstlichen Sprachgebrauch und heißt „das Erschaffene". Ersteres (Schicksal), wie die Weisheit der Sprache es schon sagt, wird geschickt, weil es einst durch das unbewusste Denken verursacht, erschaffen, bestellt oder kreiert wurde.

Die Hüter des Schicksals oder Karmas achten darauf, dass wir uns nicht zu viel für ein Erdenleben aufladen, falls wir zu eifrig oder emsig alles auf einmal erledigen möchten, was noch in Ordnung gebracht gehört. Sie erinnern uns daran, dass wir in das Spiel des Vergessens gehen und somit unsere wahren Talente, Fähigkeiten und Möglichkeiten durchaus übersehen könnten. So kann uns die Aufgabe, welche erledigt gehört, möglicherweise als unlösbar erscheinen. Denn im Spiel des sich Selbst-Vergessens und Wiederentdeckens befinden wir uns nicht „nur" im feinstofflichen, bewussten Lichtkörper, sondern bekommen weitere Körper, welche als „Kostüm" für die Rolle gedacht sind und dieser exakt entsprechen.

Ebenso hat jeder Mensch sieben ganz persönliche Schutzengel auf der Ätherebene um sich. Sie warten auf Aufträge, denn sie dürfen nicht ungebeten den freien Willen des Menschen übergehen.

Jedoch hat jeder Mensch das uneingeschränkte Recht und die Möglichkeit, dass er für sich oder als Fürbitter für jemanden, einer spezifischen Sache oder Situation um Unterstützung bittet. Zum Beispiel Unterstützung bei einem Genesungsprozess, einer Prüfung, einem Vorstellungsgespräch, einer Wohnungs-, Job- oder Partnersuche, Harmonisierung einer Partnerschaft, Elternschaft oder Konflikte jeglicher Art.

Genauso wie jeder Mensch sieben Schutzengel als Beistand und geistige Wegbegleiter um sich hat, besitzt jeder Mensch sieben Körper.

Diese sieben Körper des Menschen wirken alle ineinander und heißen wie folgt:

1. Der äußerste Himmels-, Lichtkörper oder fernöstlich auch Atma, Budhi oder Brahmakörper genannt. Er befindet sich circa 30 bis 70 cm außerhalb des grobstofflichen, physischen Körpers und ist ein ungetrennter Teil der Gottvater-, Mutterselbstkraft. Dieser ist verbunden mit dem Urquell des Lichts. Er hat die „Vogelperspektive", oder auch die All-Einsicht oder Allumfassende Sicht zur Verfügung, sieht deshalb auch die großen Zusammenhänge von Vergangenheit, Gegenwart und Zukunft.

Er versorgt die übrigen Körper mit der nötigen Energie-, Licht- oder Lebenskraft. Anfänglich, beim Neugeborenen, nährt er alle anderen Körper direkt über die noch offene Fontanelle. Hier befindet sich bei jedem „Menschlein" die Direktverbindung zum kosmischen Energie- oder Stromnetz. Diese Stelle wird manchmal auch als die „Starkstromsteckdose" bezeichnet.

Später, wenn die Fontanelle zugewachsen ist und der freie Wille aktiv wird (das Trotzalter), beginnt die Identifikation mit der Rolle oder Persönlichkeit.

Ab dann nährt der äußerste Lichtkörper über verschiedene Orte die übrigen Körper, welche vom jeweiligen Geburtsdatum errechenbar sind. (Näheres im Teil 2 als Hilfe zur Selbsthilfe)

Wenn der physische Tod eintritt, kehrt dieser feinstoffliche Lichtkörper nach Hause, in die harmonische Lichtebene und bereitet sich, falls nötig, auf den nächsten Schultag (das nächste Erdenleben) auf der irdischen Bühne des Lebens vor.

2. Der Astralkörper fusioniert sich, wenn die Person im Tiefschlaf ist, mit dem äußersten Lichtkörper und stärkt damit das Nervenkleid. Bei ungenügendem Schlaf werden damit die Nerven immer schwächer und die Person benötigt dann zur Gesunderhaltung nervenstärkende Mittel. Das ist zum Beispiel bei Müttern von Neugeborenen der Fall, wenn das Baby häufig in der Nacht etwas braucht.

Dies ist auch jener Körper, mit dem das Astralreisen möglich ist, währenddessen er mit den übrigen ruhenden Körpern durch eine sogenannte energetische „Silberschnur" verbunden bleibt.

Es gibt spezifische Meditationstechniken, mit denen bewusste, sichere und heile Astralreisen erlernbar sind.

Er kennt die Begrenzung des Verstandes, der Zeit und des Raumes nicht und kann sich durch beliebige Schöpfungssphären begeben, die zur Erweiterung des Bewusstseins und der ganzheitlichen Erkenntnis beitragen.

Im Astralkörper können sich auch sogenannte „Anhaftungen" befinden, die sich dann ungünstig für die betreffende Person auswirken können, zum Beispiel Schwüre, Gelübte, Pakte etc.

Oder es besteht noch Verbundenheit durch astrale „Schnüre" mit Verwandten, Mitspieler aus alten Rollen, Verstorbenen oder anderen Wesenheiten.

3. Der Energiekörper zeigt ganz genau an, wo die mitgebrachten Aufgaben im Körper als unerlöste Themen angelegt sind. Sie wirken dort in Form von Schwäche und Energielosigkeit. An diese Orte sendet der Körper ohne Worte die Botschaft aus: „Hier kann ich verletzt, benützt, in Angst gehalten, erniedrigt, unterdrückt, missbraucht (physisch oder psychisch), energetisch ausgelaugt oder bevormundet werden." Diese „Opfersignale" können selbstverständlich erlöst oder gelöscht werden.

Er zeigt aber auch, an welchen Stellen der Körper Energie bekommt, wo die Lichtkraft für die „unterbelichteten" oder ungelösten Themen im Körper hereinfließt.

Da die Schöpfung sehr vollkommen ist, haben wir nicht nur das Problem als die Aufgabe – das Thema, welches erlöst gehört – mitgebracht, sondern auch die dafür optimal geeignete Lösung. Sie befindet sich ebenso im Energiekörper.

Diese verschiedenen Orte am Körper sind mittels Geburtsdatum erkennbar, darin liegt auch der Erlösungs- und Heilungsansatz.
(Näheres im Teil 2 als Hilfe zur Selbsthilfe.)

4. Der Mental- oder Verstandeskörper begnügt sich mit der „Froschperspektive" oder der personellen Sicht. Diese Sichtweise ist sehr begrenzt, etwa vergleichbar mit einem Frosch, der am Fuße eines Berges sitzt und aus dieser begrenzten Sichtweise behauptet, er hätte den Überblick. Oder er bewertet aus der Kenntnis einer Zeile den Inhalt eines großen Buches. Mit ihm ist das Experiment der Schattenerfahrung überhaupt erst möglich geworden, denn durch enge Sicht entsteht Enges (= Angstvolles).

Der Mentalkörper hat alle Dramen und „Aberglauben"- Erfahrungen erschaffen. Immer wenn die Person den ersten Gedanken als Inspiration und das erste Gefühl der Intuition erfolgreich verdrängt und sich stattdessen dem „ja aber" (Aberglaube) des Verstandes unterordnet, entsteht ein „Umweg" oder der Mensch geht in die „Sackgasse" des Verstandes.

Der Verstand erdenkt sich sehr häufig großartige Begründungen, weshalb es nicht so machbar sei, wie es die innere Weisheit anbieten würde.

Im Verstandeskörper sind überholte Überzeugungen, Gelübde, Schwüre und Glaubensmuster und viele dunkle Erfahrungen aus alten Rollen eingespeichert.

Der Verstand stellt sich oft der Genialität der Einfachheit in den Weg.

Er ist es, den Jesus sinngemäß gemeint hat mit den Worten: „Eher kommt ein Kamel durch ein Nadelöhr, als einer von Jenen…"

Der Verstand schafft viel Wissen, aber keine Weisheit.

Nur mit dem Verstand kann man glauben, dass der Körper so, wie er geschaffen ist, nicht vollkommen sei.

Mittels Verstandeskörper machen viele „Schönheitschirurgen" ihr großes Geschäft.

Modeschöpfer leben davon, indem sie schwarz als „elegant" und schlank machend bezeichnen, usf.

Schwarz ist fehlendes Licht. Man (der Verstand) kann damit manipulieren oder wird manipuliert.

Alle Berufe, in denen schwarze Kleidung gefordert wird, unterliegen Verstandes-Machenschaften. Macht-Ohnmacht-Erfahrungen und Traditionsverhalten.

(Der Mensch bewegt sich im karmischen Rad und erlebt Wiederholungen.)

Mit schwarz wird das Ego, die Persönlichkeit oder Rolle gestärkt, niemals das Selbst.

Im Volksmund heißt es „die Schwarzmaler" oder Panikmacher.

Er macht sich schwarz für weiß vor und nur durch ihn konnten die dramatischen Geschichten der Vergangenheit sowie der Gegenwart entstehen. (Alle Kriege, Manipulationen usf.)

Mit dem Mental- oder Verstandeskörper wurden auch Techniken wie Hypnose entwickelt. Sie können ebenso im Positiven wie im Negativen eingesetzt werden (z.B. Massenhypnose in Hitlers Zeiten).

Auf jeden Fall sind sie manipulativ. Viele Werbungen basieren auf dieser Technik. Darum heißt es auch ganz einfach:

„Wer nichts verbergen muss, kann eine weiße Weste tragen oder Farbe bekennen."

5. Der psychische-, Emotional- oder Gefühlskörper trägt noch erlebte Erfahrungen in sich, wie zum Beispiel Angst, Panik, Hass, Gier, Neid, Wut, Zorn etc., oder unerlöste Schuldgefühle, Kränkungen, jegliche Arten von Süchten, Erniedrigungen, Hinrichtungen, Verletzungen, Schock- oder Mangelgefühle.

Diese wurden aus vergangenen Rollen mit auf die Bühne des Lebens gebracht und im Unterbewusstsein oder der Zellinformation gespeichert. Diese Programmierungen verhindern oder trüben die helle Freude und die Leichtigkeit des Seins. Durch sie werden alte Dramen oftmals wiederholt.

Im Gefühlskörper befinden sich jedoch auch die Intuition, Empathie und Telepathie. Daher ist auch ein gesunder Kontakt zur übrigen Menschheit, der Tier- und Pflanzenwelt sowie der ätherischen Ebene durch die Feinfühligkeit oder Einfühlsamkeit möglich.

Mit ihr ist erfühlbar, wie es dem Anderen geht und der Mensch kann durch sie auch telepathisch Informationen weiter senden und empfangen.

Über den Gefühlskörper können wir im Dramenspiel auch mit dem Leid eines Anderen mitleiden. Mitleid erschafft doppeltes Leid, mitleiden unterliegt jedoch der Narren- oder Persönlichkeitsliebe, niemals der wahren und bewussten Selbstliebe.

Das Selbst tröstet und richtet auf, frei von Narrenliebe.

Es gibt Heilungsansätze, bei denen man durch Familienaufstellung, der sogenannten Systematischen Therapie in Gruppen die Rolle eines Anwesenden „vorlebt" und in dessen Gefühlskörper eintaucht. Das kann für den Beobachter aufschlussreich sein, wenn er sein Leben neutral von der Gruppe, die sich im Seminar befindet, vorgelebt bekommt.

Die Gefahr besteht dabei jedoch, dass Menschen regelrecht süchtig nach „Dramenspiel" werden und sich, wie ich es oftmals beobachten konnte, mit der Rolle des Anderen so sehr identifizieren, dass sie danach mehr Probleme haben als vorher, weil sie die Rolle nicht loslassen.

Die weise Botschaft der Engel hierfür ist: „Wenn wir mit euch in das Dramenspiel einsteigen würden, könnten wir euch niemals aus diesem herausholen. Ihr vermehrt durch Mitleid das Leid. So steigt aus den negativen Gefühlen aus und unterstützt durch Erkenntnis und Bewusstheit!"

Dies ist der Grund, weshalb ich in meiner Praxis Familienaufstellungen nur für eine kurze Zeit angeboten habe. In jener Zeit kannte ich noch keine optimalere Lösung.

Seit ich jedoch das Körper-Energiebild kenne, weiß ich, wie ein Mensch sich selber energetisch für eine gesunde Erlösungsrückführung vorbereiten kann, frei von Hypnose. Es benötigt „nur" an den richtigen Körperorten Energie. Wenn diese fehlt, kann jeder sie mit den eigenen Händen ganz einfach „aufbereiten" und sich damit für eine gesunde Rückführung vorbereiten.

Der Gefühlkörper hat die gesamte Auswahl an dunklen und lichten Gefühlen zur Verfügung, die mit dem freien Willen vom Menschen in Anspruch genommen und gewählt werden können.

Wenn dem Einzelnen das Leid, leid genug geworden ist, wird die Person auf die Suche gehen. Es gibt viele Lösungsmöglichkeiten, eine dafür findest du im Kapitel 15.

Dann kommt die schöne Erkenntnis des Erlösens an die Reihe. Unerlöste Gefühle können dann einfach in der wahrhaftigen Liebe „gelöscht" oder erlöst werden.

Damit Frieden, Freude und Freiheit wieder Raum und Platz einnehmen.

6. Der physische oder grobstoffliche Körper entspricht genau der gewählten Erfahrung (ob weiblich oder männlich, groß oder klein usw.) und zeigt auch durch die Physiognomie oftmals an, was für eine ethnologische oder vergangene Rolle noch in die Einheit des Seins gebracht gehört.

Dieser Körper zeigt oftmals in Form von Symptomen oder Krankheiten auf, was aus der Mitte gefallen ist. Auch er ist es, der auf seine spezifische Art mithilft, dass die Person wieder auf die Suche seiner oder ihrer Selbst geht.

Meist zeigen Kinder bis zu zwölf Jahren über ihre physischen Körper, was die Eltern noch an unerlösten Geschichten mit sich tragen. Sie spiegeln also den Eltern auch das durch unbewusstes Sein gemeinsam Erschaffene vor (durch Krankheiten, etc.).

Oft sieht man auch in Form von Muttermalen oder sonstigen Zeichen am physischen Körper „Abdrucke" einer vergangenen Rollenerfahrung, die vor diesem Erdenleben erlebt wurden. Ein Teilaspekt der Seele ist in anderer Zeit, in eine spezifische Erfahrung gegangen.

Zurzeit sind die verschiedensten Therapieformen bekannt, welche den physischen Körper wieder in Einklang mit Geist und Seele bringen.

Sie allesamt haben den Sinn und Zweck, dass der Mensch sich wieder innen und außen wohl fühlt und in die Einheit des Seins gelangt.

7. Der innerste Seelen- oder Herzkörper ist wie **der äußerste ein Lichtkörper** und beinhaltet die Agape-, All-eins- oder unpersönliche Liebe. Liebe pur also, Gottvater-, Mutterselbstkraft, welche wertfrei und absolut bedingungslos durch die von der Person (der Rolle) gewählten Erfahrungen hindurch begleitet. Der Seelenkörper hat oft noch Teilaspekte seines Seins in unerlösten vergangenen Rollen eingebunden, welche erlöst gehören.

Diese schlummern in „unterbelichteten" Orten im Körper und bewirken Probleme verschiedenster Art.

Sie gehören im wahrsten Sinne des Wortes in die innere Auferstehung gebracht. Durch die All-Eins-Liebe mit Versöhnungsarbeit in die Einheit des Seins (der Seele), integriert.
Hierfür ist eine heilsame Rückführungstechnik (frei von Hypnose!) optimal geeignet.

Diese sieben Körper gehören allesamt in die harmonische Lichtschwingung gebracht. Das ist die Aufgabe eines jeden inkarnierten oder auf Erden geborenen Menschen. E i n e r davon ist es, nämlich der äußerste Lichtkörper.
Der Seelenkörper sowie die anderen fünf Körper, bergen ebenso die unerlösten Themen der vergangenen Rollen in sich. Diese zeigen sich im Leben draußen als Spiegelbilder durch andere Mitspieler.
Damit wir auch erkennen, was noch in eigener Sache versöhnt und in die Einheit des Seins, in die Liebe gebracht gehört.
Diese unerlösten Erfahrungen verursachen häufig im Leben Süchte, Krankheiten, Konflikte, Disharmonien, Unfälle, Wiederholungen oder sonstige Arten von Schicksal.

Wenn jemand also erkennen möchte, was noch im eigenen System in Ordnung gebracht werden soll, so braucht dieser nur sich selbst beobachten und darauf achten, wer oder was von ihm oder ihr, da draußen verurteilt oder bewertet wird.
Es zeigt also ganz konkret das Maß der Verurteilungen an, was noch aus eigener Vergangenheit unerlöst im Unterbewusstsein schlummert.

Denn das da draußen spiegelt genau das unerlöste Thema des Beurteilers wider, welches in Vergessenheit geraten ist.
Ja, Liebes, so ist es an der Zeit, dass wir wieder aus den Augen der wahren Liebe das Leben betrachten lernen, anstatt dass wir uns Selbst

oder Andere in Gedanken, Worten oder Taten erniedrigen oder hinrichten.

Es ist die heilige Zeit, auf die wir schon lange gewartet haben, für die innere Auferstehung, sodass wir uns Selbst und alle Mitspieler aufrichten, uns helfen und ganzheitliche Heilung geschieht.

Wir haben uns lange die Scheinbarkeit für die Wirklichkeit vorgemacht und waren auch noch ganz stolze „Realisten".

Haben oft irgendjemanden draußen als Sündenbock angeprangert für die eigenen Unzulänglichkeiten, die in uns unerlöst schlummerten.

Der Verstand hat viele Ablenkungsmanöver und Verdrängungstechniken entwickelt.

Der Mensch kommt solange in die irdische Verkörperung, bis alle sieben Körper in die harmonische, heile Lichtschwingung gebracht sind. Dann ist das Spiel der Schattenerfahrung beendet und das eigentliche, wirkliche Leben in wahrhaftiger, wertfreier, unpersönlicher Liebe kann beginnen.

Das goldene Zeitalter wartet darauf, dass wir es uns gemeinsam auch in der grobstofflichen Materie erschaffen.

Es ist Zeit zur Freude, Zeit zur Wahrhaftigkeit, Zeit zur Wirklichkeit!

Zeit, dass wir den Himmel auf die Erde bringen und die Erde wieder mit dem Himmel vereinen. Bist du bereit?

Als Unterstützung sind auch die geistigen oder kosmischen Gesetze in uns verankert, hier in Kurzfassung:

<Das Gesetz der Liebe< Alles ist in der All-Eins-Liebe eingebettet.
<Das Gesetz der Einheit< Alles ist in Allem und in Allem ist Alles.
<Das Gesetz der Resonanz< Was du säst, wirst du ernten.

<Das Gesetz der Entsprechung< Gleiches zieht Gleiches an. Wie oben so unten, wie außen so innen.
<Das Gesetz der Polarität< Licht und Dunkel, arm und reich, Opfer und Täter, Leere und Fülle usw.
<Das Gesetz der Schwingung< Alles fließt, ist in Bewegung.
<Das Gesetz der Fülle< Reichtum ist unerschöpflich und er ist für alle da.
<Das Gesetz der Gnade< Wer bittet, dem wird gegeben.
<Das Gesetz des Glaubens< Wer glaubt, der wird empfangen.
<Das Gesetz des Segens< Was du segnest, wird Dir zum Segen.

Jeder Mensch hat die geistigen Gesetze als „das gewisse Wissen" oder auch Gewissen in der Körpermitte, im Sonnengeflecht, verankert oder eingespeichert. Häufig sind diese jedoch „verschüttet", durch unerlöste Kränkungen, Ängste, Verletzungen, dem Gefühl der Unwürdigkeit, der Macht- und Ohnmacht-Erfahrungen aus vergangenen Rollen. Aber auch wegen verschiedenster Erziehungsmethoden.

Überall dort, wo absoluter oder bedingungsloser Gehorsam verlangt wurde oder wird.

Zum Beispiel in der Familie, Politik, Konfession oder im Militär geschieht Manipulation. Das Prüfen und Fühlen ist hier nicht mehr gestattet und nur so wird es möglich, dass der Mensch verstandesmäßige Entscheidungen trifft und damit sich Selbst oder seine eigene Spezies hintergeht, verletzt oder gar tötet. In Wirklichkeit verletzt er immer einen Teil von sich Selbst.

Oder nach Jesu Worten: „Was ihr dem Geringsten unter meinen Brüdern angetan habt, das habt ihr mir getan."

5. WIE SICH DIE SPIELREGELN AUSWIRKEN

Persönliche Erlebnisse und praktische Beispiele

Wenn also Bauch, Intuition (das innere Wissen, erstes Gefühl) und Inspiration (heiler Geist, erster Gedanke) und Herz (die wahre Liebe) verdrängt werden, so ist der Mensch im Verstand (kopflastig) und es werden Teile von ihm, wie Innen, so auch im Außen ausgeschlossen.

Er wird sich also egoistisch, introvertiert oder extrovertiert verhalten. Vereinfacht ausgedrückt, kopflos. Was wortwörtlich heißt: der Kopf ist losgelöst von Herz, Inspiration und Gefühl. So wurden die meisten Soldaten erzogen – als Kampfmaschinen.

In der Ausbildung als Atemtherapeutin lernte ich, dass beim Bauch einziehen und Brust heraus, kein Atem mehr in den Bauch kommen kann und daher viel zu schnell und viel zu viel Sauerstoff in den Kopf fließt und somit das Gehirn übersäuert ist.
   Der Kopf ist überlastet mit Sauerstoff. Damit ist das Gesetz der Entsprechung wieder aktiv, so wie Innen auch im Außen und es geschieht „Saures" da draußen.

Erst auf diese Weise ist es überhaupt möglich geworden, dass wir einen Teil von uns da draußen verletzen lernten. Denn wie Außen so Innen, dieser sogenannte Feind da draußen, spiegelt einen unerlösten Teil im Drinnen wider. Eine Rolle, die einst auf der Bühne des Lebens gelebt wurde und in die Liebe gebracht gehört.
   Mit Krieg können wir jedoch niemals Frieden erzeugen, denn Druck erzeugt nach dem Gesetz der Resonanz früher oder später Gegendruck.

Damit sind die Kleinkriege in der Partnerschaft, Familie, mit Freunden genau so gemeint, wie die großen in der Welt. Denn wie im Kleinen, so im Großen. Alles entspricht Allem.

Als Achtzehnjährige habe ich in Kanada diesbezüglich einen sehr vulgären, dafür aber umso unmissverständlichen Spruch auf der Türe einer Damentoilette gelesen.
Es stand darauf:
„Fighting for Peace is like fucking for virginity."
Was frei übersetzt heißt:
„Für Jungfräulichkeit Sex betreiben, ist genauso absurd und unmöglich, wie für Frieden kämpfen."

Kampf ist immer Druck und Druck erzeugt nach dem Gesetz der Resonanz Gegendruck.
Nur ein Verstand „erkämpft" sich etwas. Wer in sich SELBST gelangt ist, wird „vom Selbst" geführt, friedvolle Lösungen finden.
Stell Dir vor, es gibt Krieg und keiner geht hin!

Frieden kann man nur leben. –
Mich hat das absolut überzeugt!
Sobald der Mensch also auf die Suche seiner Selbst geht und in sich erwacht, wird er wieder auf sein Bauchgefühl achten. Wenn sich etwas nicht stimmig oder wirklich gut anfühlt, so muss es für diese Situation noch eine optimalere, bessere Lösung geben.

Erwachte Menschen erkennt man also daran, dass sie in ihre innere Sicherheit, ins Urvertrauen gekommen sind.
Sie haben die anerzogenen Ängste abgelegt und sich wieder mit der wahren Liebe verbunden.

Sie nehmen auch die Verantwortung für ihre Handlungen an und suchen nicht irgendwelche „Schuldigen" da draußen. So werden sie immer für alle Beteiligten das Beste ermöglichen, frei von Narrenliebe.

Nur zur Erinnerung, letztere, die Narrenliebe oder personelle Liebe, liebt, damit sie diese Liebe retour bekommt.

Diese erwartende Liebesenergie erzeugt für sich oder Andere Unselbstständigkeit und Abhängigkeit.

Denn mit Narrenliebe wird dem Anderen meist sein Problem oder Symptom nur abgenommen, statt dassihm die selbstständige Lösung erklärt und gezeigt wird.

Genauso erzeugt die Narrenliebe (personelle Liebe) auch immer wieder Enttäuschung, denn sie knüpft bewusst oder unbewusst Erwartung mit ein.

Zum Beispiel: Ich tu alles für dich, dafür tust du auch, was ich von dir erhoffe.

Erwartung ist Druck und erzeugt damit auch Gegendruck.

Enttäuschung (Ende der Täuschung) kommt geliefert!

Mein Bruder Roman.

Als siebtgeborenes Kind hatte ich eine wunderbare Gesellschaft schon vom 1. Tag meines Lebens um mich. Und wie bei jedem kleinen Kind beginnt das Erdenleben ja erstmals mit den Grundbedürfnissen von Nahrung und umsorgt sein. Wie es in einer Großfamilie nun einmal ist, war reges Leben um mich und es entwickelte in mir das Gefühl der Gemeinsamkeit und Geborgenheit. Sehr früh lernte ich mich den Spielregeln der Familie anpassen, denn dafür hatte ich ja auch genügend „TrainerInnen". Neben meinen wunderbaren Eltern noch fünf Schwestern.

Mein Bruder Roman war gerade als Dreijähriger an Schrumpfnieren gestorben, drei Monate bevor ich als Tochter Ida Franziska das Licht der Welt erblickte.

Meine Mutter war für mich im sechsten Monat schwanger, als Roman beerdigt wurde. Natürlich hatten meine Eltern großen Schmerz, da eben erst ein Kind und gerade noch der einzige Sohn von ihnen gegangen ist. Umso größer war auch die Hoffnung, dass wieder ein Sohn unterwegs sei.

Diesen Wunsch konnte ich nicht erfüllen, denn ich hatte eine andere Aufgabe für dieses Erdenleben mitgebracht, ich benötigte die weibliche Erfahrung.

Als Kind konnte ich, wie die meisten Kinder auch, den feinstofflichen Bereich sehen, aber davon wurde von den Angehörigen niemals in der Form, wie ich es erlebte, etwas erwähnt.

Höchstens angsteinflößend oder furchterregend über Geister oder „arme" Seelen. Wenn ich also mit kindlichen Worten über meine Wahrnehmungen sprach, so wurde ich entweder von den Älteren ausgelacht oder als Träumerin hingestellt.

Ich sah eben sogenannte unerlöste Seelen, welche zwar keinen physischen Körper mehr hatten, aber ich konnte ihren feinstofflichen Körper sehen und habe auch mit ihnen gesprochen. Manchmal hieß es auch ganz einfach: „Die Ida phantasiert oder erzählt schon wieder Märchen." Bis ich dann sehr früh gelernt hatte, dass ich meine Gespräche nicht mehr laut führte, denn es fühlte sich gar nicht gut an, wenn man als „anders" bezeichnet und ausgelacht wurde.

Wer will schon dauernd von den Großen verlacht werden.

Aber immer, wenn meine Mutter von dem verstorbenen Bruder sprach, ging mir das sehr nahe und ich wusste, dass ich ganz fest mit ihm verbunden war. Wann immer ich mich unverstanden fühlte, sprach ich mit meinem Bruder und wurde von ihm getröstet. Ich ging liebend gern zum Friedhof und brachte Wiesenblumen, die ich am Weg dorthin pflückte. Oft wusste ich sogar ganz genau, wie es ihm in seiner Krankheit ergangen war, obwohl ich erst nach ihm geboren wurde. – Oder gerade deshalb?!

Natürlich habe ich auch, wie jeder Mensch, noch einige unerledigte Themen, die einerseits mit den Eltern im Zusammenhang standen, andererseits mit den Schwestern, späteren Partnern, Kindern und sonstigen Wegbegleitern, in dieses Erdenleben mitgebracht.

Denn wie ich später, als ich intensiv auf die Suche meiner SELBST ging und durch Rückführungen (in die Vergangenheit schauen) entdeckt habe, war ein Teilaspekt meiner Seele mein Bruder Roman in der letzten Rolle oder Verkörperung auf der Bühne des Lebens.

Nicht nur das, davor erlebte ein Seelenteil von mir auch die Rolle meines Großvater Roman, der Vater meiner Mutter.

Ich entdeckte in der Rückschau, dass meine Seele ebenso einige andere Männerrollen vor dieser Rolle als Ida Franziska in Erfahrung gebracht hatte.

Das kurze Knabenleben hat mich wunderbar den Zyklus der Männerrollen beenden lassen. Es hat mir konkret geholfen, dass meine Erinnerungskörper (Emotional- und Mentalkörper) sich auf eine neue Erfahrung im anderen Geschlecht gut anpassen konnten.

Viele Männer und Frauen haben persönliche, sexuelle Konflikte, da sie nicht auf die sogenannten Hüter des Karmas gehört haben.

Somit das kurze Kinderleben, das den Sexualwechsel heilsam unterstützt, ausgelassen oder „übersprungen" haben.

So fühlen sie sich bei einem Sexualwechsel im neuen Körper oft mehr zum Gleichgeschlechtlichen hingezogen, da noch viele geschlechtliche Erinnerungen aus dem vorher gelebten Leben im Gefühls- und Mentalkörper bestehen.

Einige davon befürchteten wohl auch, dass dann der „Landeplatz" gefährdet sei, wenn sie nur kurz auf die Bühne des Lebens gingen. Und da ganz viele bei der großen Aufwachzeit, in der wir uns alle gerade befinden, dabei sein wollten, wird das geschlechtliche Thema wohl im Verhältnis für nicht so Wesentlich gehalten.

In Wirklichkeit sind wir ja alle Lichtwesen und tragen viele Mann- und Frau-Erfahrungen in uns.

Engel sind sogenannt androgyn, sie werden oft als gleichgeschlechtig bezeichnet.

Es ist ja Alles in Allem. In jeder Zelle befinden sich Plus und Minus oder Mann und Frau, Gott und Göttin Energie.

Lichtwesen sind somit gleichgeschlechtlich, tragen beide Energien ausgewogen in sich und zeigen sich den Menschen in der einen oder anderen Ausdrucksform.

Je nachdem, was für ein Thema sie gerade unterstützen.

Da wir jedoch im emotionalen Körper auch die Erfahrung vom vorherigen oder gar mehreren, oft unerlösten Leben mit uns tragen, kann das zum Problem werden.

Jeder hat auch schon unzählige Männer- und Frauenrollen als Bühnen-Erfahrung im Zellprogramm. Ja, ganz richtig gehört Liebes, auch du hast die große Erdengeschichte mitgeschrieben und warst in vielen Rollen aktiv dabei.

Nun wird sich möglicherweise der eine oder andere Leser denken, dass meine persönliche Schilderung sich zeitlich gesehen nicht ausginge. Dies völlig unmöglich sei. Ich möchte dich, liebes Lichtwesen, daran erinnern, das kosmisch gesehen alles möglich ist. Da der Zeitfaktor auf der Seelenebene nicht relevant ist, genau gesagt, gar nicht existiert.

Deshalb gibt es auch sogenannte Parallelleben.

Stell dir einfach vor, du wärst ein Schauspieler, der eine „Nebenrolle" als kleiner kranker Junge erhalten hat. Nebenbei bereitest du dich auf eine größere Rolle vor, deren Kostüm für dich schon angepasst wird. Gelegentlich gehst du dann zur Kostümprobe.

Da die Zeit auf der Ebene des Bewusstseins gar nicht existiert, sondern alles parallel, also gleichzeitig abläuft (dadurch auch miteinander verknüpft ist), können wir sehr wohl nicht nur in die erlebte Vergangenheit sehen und die unerlösten Rollen in die Liebe bringen.

Gleichwohl können wir auch in die sogenannte Zukunft sehen und diese falls nötig ebenso optimieren. Es sind ja alle Informationen in uns gespeichert, ganz konkret sitzen sie im Nacken. Dort ist eines jeden Menschen Erinnerungszentrum oder auch Akasha-Chronik genannt. Durch entsprechende Entspannungstechniken oder Energiearbeit sind diese Erfahrungen wieder abrufbar.

So mancher hat nach einer Innenschau in sein Lebensbuch ganz erstaunt gesagt: „Es ist, als hätte man mir einen Vorhang weggezogen."

Tatsächlich gibt es ab dann eine ganz neue Perspektive und der Mensch beginnt unweigerlich, dass er mit sich und seiner Welt verantwortlicher und behutsamer umgeht.

Denn er weiß dann auch: Das was ich verursache, hole ich auch ab.

Damit wird auch die Starre oder Sturheit im Nacken erlöst, mit der sich lange Zeit der Verstand begnügte.

Denn im Nacken befindet sich, wie oben erwähnt körperlich gesehen, das Lebensbuch, auch Erinnerungszentrum genannt.

Was wir verursachen, das holen wir ab.

Die karmische Beziehung zur Mutter.

In der 2. Grundschulklasse wurden wir Schüler auf die Erstkommunion vorbereitet. Das war ein ganz besonderes Ereignis für mich.

Meine Mutter stand kurz vor der Niederkunft des 9. Kindes und es war ungewiss, ob sie mein großes Erlebnis noch mitfeiern konnte oder bereits im Krankenhaus zum Gebären sein würde.

Sie war noch anwesend, was mich mit großer Freude erfüllte!

Eine Woche später hatte sie ihr Gynäkologe ins Krankenhaus eingewiesen und einen Kaiserschnitt angeordnet, weil er um die Gesundheit von Mutter und Kind fürchtete.

Einen Tag davor hatte meine Mutter einen schrecklichen Traum.

Sie hatte diesen weinend meiner Tante erzählt, welche schon bei uns daheim war, damit sie für ihre Schwester während der Niederkunft den Haushalt übernahm.

Sie berichtete, dass sie im Traum eine große Stampfwalze (ein Gerät, das beim Geleise herstellen benötigt wird) überrollt hatte.

Ich habe dies als Kind mitgehört und gemeinsam haben wir beim Abendgebet um eine gesunde Geburt gebetet.

Es kam ganz schrecklich. Meine Mutter hatte keinen Kaiserschnitt bekommen, so wie ihr Arzt es verordnet hatte, sondern der im Krankenhaus Diensthabende meinte:

„Das ist die Neuntgebärende, die kann es eh schon."

Was zur Folge hatte, dass meine Mutter durch ein verabreichtes (und bei ihr erstmalig erprobtes) Wehenmittel, welches zur Beschleunigung der Geburt dienen sollte, einen Gehirnschlag ausgelöst bekam und sie halbseitig gelähmt wurde.

Als Folge davon starb das Kind bei der Geburt und wurde danach als Andreas notgetauft.

Von diesem Zeitpunkt hat sich für die gesamte Familie vieles geändert. Ab da hieß es für alle Aufgabenteilung.

Eine Schwester wurde frühzeitig mit 14 Jahren aus der Schule entlassen, damit sie daheim den Haushalt führen konnte, die übrigen mussten nach Möglichkeit mithelfen.

Einige Monate später durften wir drei jüngeren Schwestern die Mutter zum ersten Mal sehen. Es war ihr Geburtstag am 2. Juli und wir haben sie fast nicht wiedererkannt. Sie lag in einem großen Gitterbett und die eine Hälfte des Gesichts hing arg schräg …

Sie konnte nur ganz langsam und leise reden und das erschreckte mich mächtig. – Irgendwie fühlte ich mich mitschuldig.

Es dauerte noch, bis meine Mutter langsam die ersten Gehversuche machte und sie nach Hause durfte. Als zutiefst depressive Frau, deren Lebensfreude für einige Jahre auf der Strecke geblieben war. Ihre linke Hand ist immer gelähmt geblieben. Es dauerte lange, bis sie wieder richtig lachen konnte.

Ab diesem Zeitpunkt fühlte ich mich für meine Mutter sehr verantwortlich. Ich half ihr bei der Körperpflege, wobei sie mich immer als ihre Krankenschwester bezeichnete. Sie weckte mich morgens früh, damit ich ihr beim Ankleiden half. Nachdem ich dann auch schon wach war, meinte sie, ich könnte ja jetzt mit ihr zur Frühmette in die Kirche gehen. Was ich stillschweigend befolgte. Ich hätte mich niemals darüber beschwert, wenn ich nach der Mette ohne Frühstück gleich zur Schule nebenan ging. Die anderen Geschwister durften noch länger schlafen und bekamen noch ihr Frühstück. Irgendwie wusste ich, dass dies so in Ordnung ist.

Viel später war mir klar, dass ich mit ihr etwas „abgetragen" hatte. Denn als ihr Vater (ein Teilaspekt meiner Seele) habe ich ihr das Versprechen am Sterbebett abgenommen, dass sie keine Kinder „wegnehmen" lässt.

Er ahnte wohl, dass er bei ihr zwei Mal einen „Landeplatz" benötigte. Einmal als Sohn Roman, dann als Tochter Ida Franziska.

Meine Mutter war sehr devot, obrigkeitshörig also. Was der Vater, der Doktor oder der Pfarrer sagten, wurde nicht hinterfragt.

Somit hatte sie das Versprechen, dass sie ihrem Vater am Sterbebett gab, niemals angezweifelt. Außerdem war sie sehr streng katholisch. Schon allein deshalb kam es keinesfalls in Frage, dass sie eine Schwangerschaftsunterbrechung vorgenommen hätte. Was ja, kirchlich gesehen, als Todsünde verurteilt wurde und noch wird.

Sehr oft hörte ich sie den Satz betonen, dass sie jedes Kind angenommen hatte und keines „abgetrieben".

Da ich in meinem Lebensbuch viele Erfahrungen aus anderen Rollen „aufgestöbert" und erlöst habe, sah ich auch unter anderem ein Leben, das mich ebenso noch mit der Seele meiner Mutter aus anderer Zeit verband.

Wir waren beide als Ärzte im 18. Jahrhundert auf der Bühne des Lebens inkarniert und hatten viel Mitgefühl mit jenen ledigen Frauen, welche als Magd am Bauernhof oder als Dienstmädchen in der Stadt arbeiteten und von ihrem Arbeitgeber missbraucht, geschwängert und dann auch noch mit Schimpf und Schande vertrieben wurden.

Diese unglücklichen Frauen glaubten, dass sie in ihrer Not aus Armut, Verzweiflung und Angst nur die Wahl des Freitodes hätten. Viele davon gingen deshalb ins Wasser.

Anderen wurde durch Abtreibung geholfen.

Die beiden Ärzte wurden als „Engelmacher" bezichtigt und verurteilt.

Da ja in jener Zeit die Bigotterie und Doppelmoral als Hochkultur blühte, waren oftmals gerade jene Männer, welche diese Schicksale verursacht hatten, genau diejenigen, die am lautesten die Hetzjagd gegen die zwei Ärzte betrieben. Die „Hauptdarsteller" aus dieser einstigen Erfahrung, sind, natürlich anders verkörpert, wieder im Familienkreis inkarniert.

Die karmische Beziehung zum Vater.

Meine frühe Kindheit hindurch hatte ich immer unterschwellig große Angst vor meinem Vater. Er war sehr dominant, streng, jedoch so weit als möglich gerecht.

Obwohl er sehr viel arbeitete (er hatte zwei Berufe, damit er die neunköpfige Familie ernähren konnte und einige Kinder in Privatschulen schickte), gab es immer wieder jene Zeiten, an denen er uns Kinder abends eine Geschichte erzählte. Er war als Skorpion geborener ein fantastischer Geschichtenerzähler, die er immer aus dem Stehgreif heraus erdachte. Wenn tagsüber irgendetwas vorgefallen war, was zur Erziehung gehörte, so flocht er dies in die abendliche Geschichte ein.

Er hat uns, so wie ich es empfand, sehr mit Hilfe seiner Geschichten erzogen.

Oft weinten wir allesamt vor Rührung, inklusive Mutter und Freundinnen, die gerne dabei anwesend waren.

Oder aber wir hatten so große Angst, weil die Geschichten so unheimlich waren, sodass wir die darauffolgenden Tage nur formiert in den Keller gingen, wenn die Mutter irgendetwas aus den Vorräten, die sich dort befanden, für die Küche benötigte.

Es gab in dieser Zeit noch keinen Kühlschrank, deshalb war ein kühler Keller eine wahre Schatzkammer.

Ich liebte meinen Vater über alles, aber diese Liebe würde ich eher als „ehrfurchtsvoll" bezeichnen. Es gebührte ihm alle Ehre ob seiner Erziehung, die er uns angedeihen ließ, aber daneben war da auch die Furcht.

Nun ist das für ein kleines Kind möglicherweise ganz normal, das hielt aber an, als ich auch schon erwachsen war.

Bis ich einmal (ich war damals schon als zweifache Mutter, in der Schweiz verheiratet), während einer Rückschau erkannte, dass ein Teilaspekt meiner Seele, im 17. Jahrhundert im heutigen Südtirol als Bergbauerntochter lebte.

Als damals neunjährige Francesca war es mein Auftrag, dass ich morgens die Schafe und Ziegen von den Dorfbauern aus den jeweiligen Ställen einsammelte und zur Weide brachte, sie hütete und abends wieder zurück in ihre Ställe verteilte.

Wenn sich einmal ein Tier verletzte, so hat Francesca dieses ganz einfach gestreichelt, bis es wieder aufstand und gesund des Weges hüpfte.

Dies bemerkte eines Tages die Mutter und erzählte es den Nachbarinnen.

Das Ergebnis davon war letztendlich, dass abends, wenn Francesca nach Hause kam, immer schon Leute auf der Hausbank saßen und auf das Handauflegen warteten.

Da offensichtlich viel Heilungserfolg bestand, gingen nicht mehr so viele Menschen mit Opfergaben in die Kirche, damit sie dort Heilung erhielten. Dies bemerkte schließlich auch der Bischof in der Stadt, dem die Abgaben oder Opfergaben aus dieser Region fehlten.

Letzterer war sehr wohlbeleibt im Gegensatz zu den dürren, durch harte Arbeit abgerackerten Menschen am Land. Nachdem der Bischof vom Landpfarrer erfuhr, dass er ein so „gesegnetes Schäfchen" in seiner Gemeinde hatte, nahm er diesen besonderen Fall wortwörtlich selber in die Hand.

In jener Zeit war das Segnen, Heilen und Handauflegen ausschließlich der Kirche oder sogenannten Eingeweihten vorbehalten.

Er ließ sich also seine sechs Rappen einspannen und fuhr in der bischöflichen Kutsche zum kleinen Bergdorf. Dort lagen die Bewohner vor lauter Unterwürfigkeit und Devotheit teilweise flach vor seinen Füßen.

Es wurde nach Francesca geschickt und diese, bis dahin schon zwölfjährige, sah vom Hang herunter kommend einen ungewöhnlich großen „Menschenauflauf" vor ihrem Elternhaus.

Dort angekommen leitete die Mutter sie an, dass sie den Ring vom „heiligen Herrn" küssen müsse und daraufhin ging der Bischof mit Francesca in die sogenannte „schöne Kammer". Jene war für besondere Situationen wie z.B. Aufbahrung eines Verstorbenen, außergewöhnlichen Besuch oder besonderen Vorrat gedacht.

Er meinte, wenn Francesca mit solch besonderen, begnadeten Heilkräften beschenkt sei, müsse er ihr die Beichte abnehmen, damit sie auch rein genug für eine solche Heilarbeit wäre.

In der Kammer angelangt, sagte er, dass diese besondere Art der Beichte nur für Auserkorene, Tapfere sei, dies würde ein bisschen weh tun, aber er müsse ihr das Böse wegnehmen. Außerdem dürfe sie mit niemandem darüber reden und müsse ganz still dabei bleiben, denn sonst wirke diese Beichte nicht.

Kurz gesagt, hat der Bischof Francesca manuell entjungfert, in der Hoffnung, dass damit die Heil-, Sexual- und Schöpfungskraft schockiert und somit blockiert sei.

(Dies war in der damaligen Zeit die irrige Meinung und deshalb wurden viele Jungen und Mädchen missbraucht.)

Francesca sah hingegen im Gesicht des Bischofs die teuflische Fratze der Gier und Lust (von seinem Emotional-Körper, Kinder sehen diesen sehr häufig genauso wie den grobstofflichen) und dachte, dass dies das Böse sei, welches ihr der Bischof abgenommen habe.

Nach dieser Erfahrung blieb Francesca still, sie hat nicht mehr wie früher schon von weitem hörbar, gesungen und mit den Tieren gelacht. Sie wurde traurig, heute würde man es depressiv nennen.

Nachdem die Heilkraft nicht nachgelassen hatte, musste der Bischof also andere Maßnahmen ergreifen. So beauftragte er den devoten Mesner, der die Abgaben aus dem Dorf jeweils in die Stadt zum Bischof brachte, dass Francescas trauriger Blick, sicher der böse Blick sei.

Wenn also irgendwo im Stall oder bei den Menschen eine Seuche ausgebrochen war, so wurde sie mit ihrem bösen Blick beschuldigt.

Damit landete sie letztendlich mit siebzehn Jahren am Scheiterhaufen, wie viele Andere auch, als abschreckendes Beispiel.

Mein zweiter Vorname ist Franziska. Plötzlich verstand ich auch, warum ich in all diesen Jahren den Namen nicht mochte, ihn verleugnete.

Seit der Erlösung dieser Rolle, habe ich sogar große Freude daran und habe mir in den Jahren nach dieser Rückführung einige therapeutische Ausbildungen gegönnt, welche wieder meine eigene Heilkraft aktivierten.

Auch in der Beziehung zum Vater hat sich Wunderbares ergeben. Nachdem ich erkannte, dass ein Teilaspekt der Seele meines Vaters einst der Bischof war.

Ab dieser Erfahrung konnte ich auch leicht nachvollziehen, weshalb ich vorher unterschwellig immer wieder angstvolle Gefühle ihm gegenüber hatte.

Obschon ich ganz genau wusste, dass er in diesem Leben sich in keinerlei Situation schändlich mir oder den Schwestern gegenüber benommen hatte.

Von diesem Zeitpunkt an konnte ich ihn so inniglich, herzlich umarmen, als niemals davor. Eine wundervolle, reine Vater-Tochterbeziehung durfte ich noch einige Jahre genießen, wofür ich sehr dankbar bin.

Als mein Vater 1990 sehr schwer erkrankte und am Sterbebett abwechselnd rund um die Uhr von meinen sechs Schwestern liebevoll betreut wurde, kam ich auch mit den Söhnen und meinem Partner aus der Schweiz zum Verabschieden. Ich blieb ebenso eine Nacht an seinem Krankenbett.

In dieser Nacht wachte er um ca. zwei Uhr nachts auf und rief mich beim Namen.

Nachdem ich ihm etwas Wasser reichte, sagte er:

„Idalein, kannst du mir noch verzeihen?"

Worauf ich antwortete: „Väterchen wofür, du warst der beste Vater, den man sich nur vorstellen kann. Hattest zwei Berufe, damit ich in Privat-Kindergarten und -Schulen gehen durfte.

Du hast auf so viel Persönliches verzichtet, damit es ein so wunderbares, warmes Daheim gab und uns alle sehr gerecht und liebevoll behandelt.

Du hättest es nicht besser machen können."

Woraufhin mein Vater nur meinte:

„Ja, in diesem Leben habe ich einiges wieder gut gemacht.

Aber in dem Leben davor habe ich dich furchtbar verletzt.

Jetzt erkenne ich, dass du siehst und ich sehe jetzt auch. Deshalb darf ich mit dir darüber reden."

Ich hatte niemals davor mit meinem Vater über Wiedergeburt und die gemeinsame Erfahrung vor diesem Erdenleben gesprochen, denn ich fand, wenn ich es für uns alle erlöst habe, genügte das vollkommen. Außerdem war bis dahin sein Glaubensmuster sehr katholisch und wir wissen ja, dass selbst heute noch, Wiedergeburt darin keinen Platz findet.

Obwohl in jeder Apostelgeschichte darüber berichtet wird. Nämlich dass Jesus von den Menschen immer wieder gefragt wurde, ob er der wiedergeborene Elias sei. Seine Antwort daraufhin war immer dieselbe. „Nein, das ist Johannes der Täufer." Der Sohn seiner Großtante Elisabeth.

Es ist ja im Laufe der Vergangenheit vieles aus der Bibel verändert worden, ganz besonders, als Kaiser Justianus im Jahr 325 nach Christi sich selbst als Papst erkoren hatte und ein Konzil in Nicäa, Nähe Konstantinopel, dem heutigen Istanbul, einberief. Wobei er viele Texte, welche von Wiedergeburt berichteten, herausstreichen ließ.

Er hat sogar die Todesstrafe angesetzt für Jene, die darüber noch öffentlich predigten. Damals sind viele aus der Gruppe der Essener (bei denen Jesus im Alter von zwölf bis dreißig Jahren die geistigen Lehren bezogen hatte) und jener Gruppe der Organisten, welche eine Abhandlung der Essener waren, eliminiert worden. Sie alle haben über die Wahrheit und Wirklichkeit gesprochen.

Also wollte ich auch nicht auf Diskussionen eingehen und etwas zerreden. Wenn sich jemand ernsthaft dafür interessiert, dann geht er von selbst auf die Suche. Und wie heißt es in der Bibel so schön:

„Wer suchet, der findet." …

Zurück zum Vater, ich fragte ihn interessiert, was er denn sehe. Er meinte nur: „Du weißt, dass ich als Bischof schreckliche Dinge verursacht habe."

Er konnte mir auch sagen, dass er bald wiederkommt (ein Aspekt seiner Seele) und dass er schon dafür gesorgt hat, dass er in diesem Leben nicht hungern muss, denn sein Vater könne gut kochen!

Mein Vater ist am 1. 11. 1918, also nach dem 1. Weltkrieg geboren. Er wurde von einem russischen Kriegsgefangenen, der an einem Bauernhof in Tirol als Knecht eingesetzt wurde, gezeugt. Meine Großmutter hat am selben Hof als Magd gedient. Sie hatte schon zwei Kinder und musste, auf Geheiß der Bauersleute dieses 3. Neugeborene wegbringen. So suchte sie einen Pflegeplatz für ihn.

Jedoch stellte sich heraus, dass in dieser so armen Zeit niemand ein fremdes Kind haben wollte. Sie hatte keine Vaterschaft angegeben, was sonst vermutlich noch schwieriger gewesen wäre.

(Erst als mein Vater 60 Jahre alt war, erzählte sie ihm, dass er einen sehr noblen Vater hätte. Ein russischer Graf, der versprach, dass er Mutter mit Kindern in sein Land holt, sobald die Nachkriegswirren sich gelegt hätten. Was ihm jedoch nicht mehr möglich gewesen war, da er durch die neue kommunistische Regierung enteignet wurde.)

Als sie erfuhr, dass in Oberflauling (im Oberinntal) Bauersleute schon fünf Jahre verheiratet und noch kinderlos seien, nahm sie mit dem kleinen Kinderbündel am Arm, den mühsamen Aufstieg, mitten im tief verschneiten Winter in Kauf, damit sie für das Kind eine Bleibe bekam.

So wurde sie nach langer Suche fündig. Diese nahmen das Baby zu sich und bekamen daraufhin sechzehn (!) eigene Kinder, was zur Folge hatte, dass immer Essensknappheit war.

Mein Vater kam seine ganze Jugend hindurch, laut seiner Aussage, nie satt ins Bett.

Als er zwölf Jahre alt war, fand ihn seine Halbschwester, welche ihm mit ihrem wenigen Geld die ersten Schuhe kaufte. Er hatte bis dahin im Winter die Füße mit Tüchern und Kuhhäuten umwickelt und sobald der Schnee weg war, lief er barfuß. Mühsam hatte er in einem Drei-Stundenmarsch das wenige Korn in die Mühle ins Tal gebracht und dann als Mehl wieder den Berg nach oben getragen.

Das Brot, das er einst als Bischof den armen Bauern abgenommen hatte, musste er mühsam abtragen.

Die Habsucht einerseits, verursachte die bittere Armut andererseits.

Im Zweiten Weltkrieg wurde mein Vater mit seiner Truppe als Unteroffizier nach Russland beordert. Dort erfror er sich die Füße, so wurde er nach Griechenland in ein Lazarett ausgeflogen.

Das war sein großes Glück, denn er war der einzige, welcher aus seiner Truppe überlebte. – Hatte da sein eigenes Blut dafür gesorgt?

Diese Vorgeschichte aus dem 17. Jahrhundert war auch der Grund, weshalb ihm der heißersehnte Sohn mit drei Jahren wieder „genommen" wurde. So auch mein jüngster Bruder, der bei der Geburt starb.

Einst wurden viele Frauen erniedrigt, für diese hat er sich in diesem Leben wunderbar eingesetzt. Er brachte für seine sieben Töchter Volleinsatz und verzichtete auf viele persönliche Annehmlichkeiten.

Ein Jeder holt ab, was er verursacht hat, nicht mehr und nicht weniger. Das entspricht dem Gesetz der Resonanz.

„Was ihr sät, das werdet ihr ernten", sagte Jesus hierüber.

Die karmische Verbindung mit dem Vater meines älteren Sohnes.

Als ich mit 22 Jahren von Kanada nach Salzburg flog, für einen Verwandtschaftsbesuch, begegnete ich jenem Mann wieder, von dem ich als Fünfzehnjährige bei einem harmlosen Gruppenspiel meinen ersten

Kuss bekam. Unsere Blicke trafen sich und entfachte bei beiden sofort große Leidenschaft.

Ich wusste in diesem Augenblick, dies ist der Mann meines Lebens!

So brach ich kurz entschlossen alle Brücken nach Kanada ab und wir verlobten uns.

Da seine erste Ehe kinderlos blieb und er dies als hauptsächlichen Scheidungsgrund angab, ließ ich mich darauf ein, dass wir den Kinderwunsch vor unserer Eheschließung planten.

Das Kind ließ auf sich warten und stellte sich, nachdem ich schon einige Monate mit dem Rauchen aufgehört hatte, schließlich ein.

Der Landeplatz war also gebührend aufbereitet und wir waren beide glücklich werdende Eltern.

Bis ich eines Tages voller Sehnsucht, einen Tag früher als geplant, vom Besuch meiner in Tirol verheirateten Schwester, nach Salzburg kam.

Da fand ich, im sechsten Monat schwanger, den Verlobten mit seiner Sekretärin im Bett vor. Was für ein Schock!

Jahre später, erkannte ich in einer Reinkarnationssitzung, dass ein Teilaspekt meiner Seele die Erfahrung als indischer Tantrameister machte. Dieser hatte mit vielen Frauen seinen Spaß und kümmerte sich nicht um die Folgen, die daraus entstanden. Eine der damals schwanger gewordenen Frauen hatte sich in diesem Leben als der ehemalige Verlobte verkörpert.

Die karmische Verbindung mit beiden Söhnen und dem Exmann.

Mein jüngerer Sohn war gerade mal drei Jahre, als er mich während einer Autofahrt, rückwärts vom Kindersitz aus, mit folgenden Worten ansprach:

„Mami, weißt du noch, als du mein Bruder warst und mich ertrinken hast lassen?"

Da standen mir die Haare im Nacken zu Berge! Er hatte meinen wunden Punkt angesprochen, denn bei ihm hatte ich panische Angst, wenn er in der Badewanne saß oder in die Nähe einer Wasserstelle kam.

Selbige gab es einige im Areal und ich hätte ihn keine Sekunde unbeaufsichtigt im Garten gelassen. Ich spürte also, dass in seiner Aussage eine klare Botschaft war. So gönnte ich mir bei einem bekannten Therapeuten eine Rückschau und sah genau das, worauf mich mein Sohn hingewiesen hatte.

Wir machten einst, anders verkörpert, eine gemeinsame Erfahrung in der Türkei. Ich war sein älterer Bruder und durfte mit ihm zum Hafen gehen, wenn der Vater mit seinem Handelsschiff ankam.

Die Mutter verkaufte die Waren im Bazar und übergab mir die Obhut für den jüngeren Bruder. Wir spielten unweit vom Landesteg mit Sand und Wasser, während der Vater mit seinen Helfern die Waren ablud.

Ich war plötzlich so im Sandspiel versunken, dass ich nicht bemerkte, wie daneben der kleine Bruder im Wasser ertrank. –

Von diesem Zeitpunkt an hatte der Vater seinen älteren Sohn absolut ignoriert. Der war für ihn genauso gestorben wie der Jüngere.

Die Schuldgefühle drückten schwer. –

Rückblickend erkannte ich, dass die einstige Mutter, jetzt als mein älterer Sohn verkörpert ist und der damalige Vater, heute als mein Exmann, also der leibliche Vater meines jüngeren Sohnes.

Als ich diese Rolle für uns alle erlöst hatte, war auch die übertriebene Wasserangst bezüglich meines jüngeren Sohnes völlig verschwunden.

Dies als einige persönliche Erlebnisse und praktische Beispiele für die karmische Auswirkung von Ursache und Wirkung. In den vielen Rückführungen, welche ich als Coach mit Menschen erleben darf, geht es immer wieder um Versöhnung und Erlösung der vergangenen Rollen, welches zur allgemeinen Genesung (physisch und psychisch) beiträgt.

Eine außergewöhnliche Begegnung

Als Achtzehnjährige bin ich für einige Jahre nach Kanada gereist und habe anfänglich im „Banff Springs Hotel" (ein großes Schlosshotel mitten in weitgehend unberührter Landschaft) als Babysitter für die Kinder des Generaldirektors gearbeitet. Banff liegt im Nationalpark der Rocky Mountains und ist mit dem Auto zirka drei Stunden von Calgary entfernt.

An meinem freien Tag fuhr ich liebend gerne nach Calgary, damit ich mich an den vielen Shops und Restaurants aus den unterschiedlichsten Regionen der Welt erfreuen konnte.

Ganz besonders liebte ich damals die Pancakes mit Ahornsirup.

Eine spezielle kanadische Art von Palatschinken (Österreich), in Deutschland Pfannkuchen, in der Schweiz Flädli genannt.

Dies war für mich als Österreicherin etwas ganz Neues und schmeckte ausgezeichnet.

Damals besaß ich noch kein eigenes Auto und so hielt ich mich, wie viele Gleichaltrige auch, an das Autostoppen. Das war in der Zeit (1972) bei jungen Leuten sehr beliebt.

Zwischen Calgary und Banff gab es nur einen Zwischenstopp, nämlich einen Militärstützpunkt. Alles andere war eine wunderschöne, weite, unberührte Landschaft.

So war es auch sehr wahrscheinlich, dass man schnell mitgenommen wurde, noch dazu als einzelne, junge, langhaarige, blonde Frau.

Nach einem erfüllten Nachmittag voller Augen- und Gaumenschmaus, begab ich mich also wieder in Richtung Autobahnauffahrt und hielt, wie gewohnt, den Daumen in die Höhe. Es blieb auch gleich das erste Auto stehen, ein nicht unübliches amerikanischer Straßenkreuzer, indem zwei gut gekleidete, wohl gepflegte Herren Mitte dreißig saßen.

Mein erster Gedanke war, dass es sicher Geschäftsleute sind. Nachdem ich mein Wunschziel erklärt habe, luden sie mich zur Mitfahrt ein.

Kaum hatte ich im bequemen Rücksitz Platz genommen, überkam mich ein unglaubliches, noch niemals davor erlebtes Glücksgefühl. Mir rollten aus lauter Freude die Tränen über die Wangen. – Ausgerechnet mir, ich schmunzelte damals über alle, die so schnell die Kontrolle über sich selbst verloren und bei jeder passenden oder unpassenden Gelegenheit drauflos heulten (weinten).

Ich fand damals, dass sich so etwas ganz und gar nicht schickte, und ich war noch ganz verwundert über meinen unkontrollierten Gefühlsausbruch. Der Beifahrer drehte sich um und ich hörte ihn sehr liebevoll sagen: „Es könnte immer so sein!" Worauf ich sofort dachte: „Nein danke, das wäre mir viel zu viel!" Die Antwort auf meine Gedanken kam ganz prompt:

„Aber das ist dein Geburtsrecht, Liebes! Ich dachte nur: „Geburtsrecht hin oder her, es wäre mir dennoch zu viel. Ich müsste andauernd weinen." Er sprach weiter und meinte: „Du willst Frieden auf die Erde bringen (er sprach mein innigstes Bedürfnis und meinen geheimen Wunsch aus), aber als allererstes musst du dich selbst lieben."

Ich meinte in Gedanken: „Ich mag mich doch und ich mag auch alle Anderen, ich kenne kein Feindbild."

Darauf sagte er nur: „Nein Liebes, du liebst dich nicht wirklich. Du magst vielleicht deinen Körper oder deine Persönlichkeit, aber dich Selbst liebst du nicht."

Das reichte mir eindeutig! Es kam plötzlich Unmut in mir auf. So dachte ich mir nur, wie will der das wissen, der kennt mich doch überhaupt nicht und stellt einfach irgendwelche Behauptungen auf. Meine Gedanken schwirrten ganz unkontrolliert weiter.

Da ich vom Kindergarten an, durch alle Klassen hindurch nur in Privat-Mädchen-Klosterschulen ging und meine Eltern nie von Sexualität gesprochen haben, war das einfach ein Tabuthema.

Meine Mutter hat am Flughafen in Salzburg beim Verabschieden ganz einfach gesagt: „Dirndl pass auf, lass dich nicht auf Männer ein, die wollen alle nur das Eine."

Was genau das „Eine" war, musste ich natürlich selber wissen.

Am Tag des Aufklärungsunterrichts in der Schule war ich unglücklicherweise gerade krank, so übernahmen meine beiden Freundinnen am Schulweg die Aufklärung. Dies hatte zur Folge, dass ich einige Tage auf sie beleidigt war, weil sie meinen Eltern etwas so „Unschamhaftes" unterstellten. Sie verkündeten auch noch, nach ihrer Version vom Unterricht, dass es noch viel Schrecklicheres gäbe, wie zum Beispiel Männer mit Männern und Frauen mit Frauen…

Im Auto sitzend kam mir die glorreiche Idee nach all diesen Überlegungen: „Diese beiden Männer sind sicher homosexuell und wollen mich nun möglicherweise zur Lesbierin erziehen."

Kaum hatte ich diesen Gedankensatz in mir als geniale Erklärung für das eigenartige Verhalten dieses Mannes fixiert, schmunzelte der Beifahrer belustigt vor sich hin und meinte dann nur:

„Nein Liebes, Liebe ist nicht Sexualität." Ich fühlte mich ertappt und dies war mir überaus peinlich. Ich spürte, wie die Hitze in mir hochkam und mir die Schamesröte in den Kopf stieg. Das wiederum erweckte vorne offenbar Mitgefühl, denn er sprach mit einem besonders liebevollen Tonfall: „Höre Liebes, Jesus hat euch Menschen schon vor langer Zeit gesagt, liebe den Nächsten, wie dich Selbst. Damit meinte er nicht nur deine Persönlichkeit oder deinen Körper, sondern dein wahres, ganzheitliches, göttliches Sein."

Das kam an! Mir war plötzlich, als ob diese heilen Worte der Wirklichkeit einen Vorhang von meinen Augen wegzogen und die Schallklappen von den Ohren entfernt hätten. Innerlich lief ein Film ab, von all dem, was passieren würde, wenn ein jeder sich Selbst liebt, dann auch den Nächsten, wie sein wahres, göttliches, vollkommenes Sein.

Ich wusste innerlich, dass sich dann jegliches Mangeldenken erübrigt hat, genauso wie Aufrüstungen überflüssig geworden sind. Wofür auch noch?

Es kann damit kein Feindbild mehr geben, wenn ich erkenne, der andere ist mein Bruder, meine Schwester im Licht.

So werde ich nicht mehr Waffen erzeugen, damit Teile von mir verletzt werden können.

Krankheiten haben sich erübrigt – sie entstehen auch nur durch fehlende Liebe und angstvollem Denken. Angst kommt vom lateinischen Wort „Angustus" und heißt Enge, daraus entstehen Krankheiten, Aberglauben, jeglicher Mangel und alles was diese nach sich ziehen.

Wie Krankenhäuser, Krankenkassen (allein das Wort nährt Krankheit und nicht Gesundheit), Versicherungen, sie entstehen durch die verdrehte Denkweise des Verstandes. Das Geschäft mit der Angst hat sich dann ebenso erübrigt. Eine gesunde Absicherung, gepaart mit Achtsamkeit ist in Ordnung, jedoch wird es in vielen Fällen übertrieben. Manche Menschen sind aus lauter Angst mehrfach für ein und dasselbe Thema versichert. Wenn wir uns in uns Selbst gefunden haben und wieder in der inneren Sicherheit und Geborgenheit des Seins sind, erübrigt sich Vieles. Wenn ein jeder sich Selbst achtet, seiner inneren Führung folgt, erübrigen sich die Sackgassen, welche einst der Verstand erschuf.

Die Sünde (ursprünglich Sinte, heißt Trennung) ist erlöst!

Dann wird der Mensch sich grundsätzlich achtsamer seiner Selbst und anderen gegenüber verhalten. Somit entstehen auch weniger Schäden.

Es wird neue freudvolle Formen der Weiterbildung geben, die richtig Spaß machen. Damit kann jeder seine Talente und Fähigkeiten aktivieren und vom Beruf zur Berufung kommen, welche dann auch Erfüllung bringt.

Denn das, was der Mensch mit Freude macht, wird bekanntlich auch gut. Damit werden die Selbstachtung und Selbstständigkeit entwickelt.

Alter spielt dabei keine Rolle, so mancher ist im hohen Alter erst in seine Berufung gewachsen und damit geistig und auch körperlich fit geblieben oder erst geworden.

So wird sich auch keiner mehr vom anderen tragen lassen wollen und das gesamte Sozialnetz, das ohnedies weit überlastet ist, kommt wieder ins Lot und damit auch das längst erkrankte Pensionssystem.

Wenn jeder das tut, was er gerne macht, wird er sich nicht damit bestrafen, dass er plötzlich nichts mehr tun darf.

Einfach je nach Alter in einem gesunden Maß und Tempo.

Das Banken- und Börsensystem wird wieder besser kontrolliert. Das Gauklerspiel der Scheinbarkeit wird aufgedeckt. An dem mit viel fiktivem Geld gespielt wird und sich einige wenige, welche die Hebel des

Machtspiels in der Hand halten, auf Kosten der Allgemeinheit unlauter und unrechtmäßig bereichern. Ja Liebes, da ist dann so viel überschüssige Energie – Geld und Zeit sind auch Energie, sodass in Hülle und Fülle mehr als genug für ALLE da ist. Stell dir nur vor, es werden keine Waffen mehr produziert, stattdessen werden neue Techniken entwickelt, welche den Planeten und alles was sich darauf befindet wieder heilt und aufrichtet. Der komplette Planet wird in einem neuen Bild erwachen. Es ist dann im wahrsten Sinne des Wortes:

„Der Himmel auf Erden!"

Ich wusste in diesem Augenblick, wie es erreichbar ist.

Gleichwohl wusste ich auch, wie genial einfach es ist.

Ebenso wusste ich auch, wenn i c h es erkannt habe,

so kann dies auch

jeder andere Mensch ganz einfach für sich erkennen.

In diesem wunderbaren Gefühl des Wissens fiel mir plötzlich die Anzeigetafel von Banff auf. Es erstaunte mich nicht einmal, dass wir in so kurzer Zeit schon mein Ziel erreichten.

So bat ich den Fahrer, er möge mich an der Autobahnausfahrt aussteigen lassen, denn ich wollte das soeben Erlebte auch in mir nachwirken lassen und deshalb ein Stück des Weges gehen. Banff liegt in einem der großen kanadischen Nationalparks und der Weg dorthin führte durch naturbelassene Landschaft, diese wollte ich nun erleben. (Mittlerweile ist schon sehr viel gebaut worden. Auch zwischen Calgary und Banff. Ich war 2007 dort und hätte es kaum mehr wieder erkannt.)

Da in Calgary viel Ölsand gefördert wird, müssen die Menschen dort ganz wenig oder keine Steuern und keinen Strom bezahlen, deswegen siedelten sich in den letzten Jahren sehr viele Menschen dort an.

Beim Verabschieden reichte ich zum Dank die Hand. Dabei registrierte ich – ohne dass ich dabei bewertete: Dass beide Männer keine

Ohren hatten! Die beiden Männer hatten einen sehr korrekten, kurzen Haarschnitt, bei dem normalerweise in jedem Fall die Ohren sichtbar gewesen wären, hier aber waren sie ganz einfach nicht vorhanden.

Als ich dann die Straße überqueren wollte, diese war sehr schwach frequentiert, mich dafür nur ganz kurz nach links drehte, dann dem Auto rechts nachblicken wollte, war es schon verschwunden. Dieses ging so schnell, dass es normalerweise völlig unmöglich gewesen wäre, aber in diesem Augenblick war eben alles möglich.

Etwa eine halbe Stunde später saß ich bei einer lieben deutschen Freundin, die mit ihrem Mann und einer kleinen Tochter in Banff wohnte. Ihr erzählte ich voller Begeisterung das soeben erlebte und endete voller Euphorie mit dem Satz:

„Es ist ganz einfach, du liebst dich und ich liebe mich und dann lieben wir alle so, wie wir uns Selbst lieben! So wird der Frieden auf Erden entstehen." –

Sie sah mich nur ganz ungläubig an und ich merkte Entsetzen in ihren Augen.

Sie fragte mich nur: „Was hast du in Calgary getan?"

So erzählte ich vom Pancakes Essen und anschließenden Einkaufsbummel. Sie meinte daraufhin ganz überzeugt, dass mir jemand Drogen in das Essen gegeben haben müsse.

Woraufhin ich nur lachte und sagte, dem sei sicher nicht so gewesen und es entspräche ganz einfach der Wirklichkeit. Sie beschwor mich daraufhin, dass ich das nie irgendeinen Menschen erzählen sollte, denn sonst kämen eines Tages zwei starke Männer mit einer weißen Jacke und würden mich darin abholen.

Erst jetzt merkte ich, dass sie um mich Angst hatte, sie befürchtete, dass jemand glauben könnte, ich sei verrückt. In gewisser Weise war ich das ja auch, denn ich war aus der Scheinbarkeit, die der Verstand erschaffen hat, in die Wirklichkeit gerückt, da wurde eben alles möglich.

Jedoch blieb ich nicht lange in meiner Mitte, denn die Angst, welche meine Freundin um mich hatte, steckte mich sehr schnell wieder in das enge, angstvolle Denkkorsett des Verstandes und ich überlegte, was wohl jemand, der mich nicht so gut kannte und mir gegenüber so wohlgesonnen war, wie sie, über so eine Schilderung denken würde?

Hiermit kam ich ganz schnell zum Entschluss, dass ich diese Erfahrung am besten sofort vergesse und als nicht gewesen abhake.

Was sind wir doch für großartige Verdrängungskünstler!

Ich bin wahrlich ein Meister darin. Du auch?

Ich habe dieses Erlebnis und einige andere auch, erfolgreich neun Jahre lang völlig verdrängt, bis ich in der Schweiz in einem Krankenhaus lag und mir eine liebe Freundin ein Buch von Chris Chriscom brachte. Darin beschrieb sie die momentane Entwicklung auf diesem Planeten, die Zeit des Erwachens und dass wir dafür jede Menge Unterstützung aus lichten Kreisen angeboten bekommen.

Unter anderem von Wesenheiten, welche in der Entwicklung dem menschlichen Evolutionsprozess einiges voraus sind.

Einerseits haben sich diese lichtvollen Brüder und Schwestern schon erheblich mehr mit der Gedankendisziplin befasst, deshalb ist ihnen auch das Materialisieren und Dematerialisieren möglich. Voraussetzung dafür sind nicht nur klare, disziplinierte und heile Gedanken, sondern „das in sich Selbst sein", und damit auch in der Sicherheit des Seins.

Andererseits kommunizieren diese Wesenheiten hauptsächlich über Telepathie, der Gefühlsebene, dem inneren Wahrnehmungsbereich.

Sie fühlen vielmehr das Wort, als das sie es hören. Sie kommunizieren über die Gedanken und Empfindungsebene, ihr „Radarschüssel" ist der Bauch und somit haben sich die Ohren erübrigt. Diese Kommunikationsform ist viel exakter als die uns bekannte Sprache.

Oft werden Worte missverstanden, weil die Terminologie der Sprache eben durch die Erziehung und das Erlebte unterschiedlich interpretiert werden. Der Eine versteht im gleichen Wort durchaus etwas ganz anderes als sein Gegenüber.

Man müsste eigentlich vor wesentlichen Gesprächen im Vorfeld immer abklären, was man genau beim einen oder anderen Wort meint. Aber genau genommen gehört all das zum erfolgreichen Schattenspiel, dem Spiel der Unbewusstheit, der Täuschung.

Lange Zeit haben wir uns gegenseitig das Prüfen und Fühlen vorenthalten und damit konnten wir erfolgreich unser Bauchgefühl verdrängen und sind kopflastig geworden. Wir gingen in die Kompliziertheit des Verstandes und somit entstand Dualität, die Trennung von sich SELBST.

Sehr viel später wurde mir in einer Meditation auch von den Lichtwesen mitgeteilt, dass sich geographisch über der Stadt Banff die sogenannte goldene Stadt im Ätherkörper der Erde befindet. Der sogenannte „Rocky-Mountain-Brennpunkt".

Hier sei auch über die metaphysische oder Astralebene eines der Eingangs- oder Verbindungstore zum grobstofflichen Bereich der Erde.

6. AUFWACHEN

Der Wunsch, dass wir aus dem Spiel aussteigen.

Wenn Dir also auch das Leid, leid genug geworden ist, so ist jetzt eine hervorragende Zeit zum Aufwachen, Zeit zur Freude, Zeit zur wahren Liebe.

Was nichts anderes heißt, als dass Du damit jederzeit wieder den heilen Seelen- oder Bewusstseinsweg beschreiten kannst. Den Weg der wahren Liebe, der Aufrichtigkeit und der Einheit des Seins. Ausgestiegen bist aus der Dualität (der scheinbaren Trennung von Deinem wahren Sein) und nach Hause in die Dreieinigkeit gelangt bist.

So auch auf die innere Führung achtest und damit den Weg der Berufung antrittst.

Viele Menschen haben einen Beruf nur zum Geld verdienen und sind dabei aber unglücklich. Möglicherweise können sie ihre Talente und Fähigkeiten nicht richtig einsetzen, lassen sich mobben oder unterdrücken und gelangen schließlich zum klassischen Burnout.

Es werden unendlich viele Hilfsmittel des Erwachens zur Verfügung gestellt, zum Beispiel alle Konfessionen. Sofern dem Menschen das fühlen und prüfen darin erlaubt ist. Sodass er den Weizen von der Spreu trennen lernt.

In jeder Konfession werden die geistigen Gesetze gelehrt.

Daneben sind auch die kirchlichen Gesetze eingebaut und je nach Interpretation können diese oftmals sehr diktatorisch, oder auch fanatisch gelehrt werden.

Oft wird dabei viel Angst geschürt durch Drohungen unter dem Deckmantel Gottes, Allahs usw.

Jede Konfession ist ein Hilfsmittel am Weg nach Hause in Dich Selbst.

Etwa vergleichbar mit einer Talstation, die zur Bergstation führt.
Den Weg von der Bergstation zum Gipfel (vom ich zum Selbst) gehen wir am besten, durch die innere Führung.
Ein anderes Beispiel: Stell Dir vor, eine Konfession ist ein Kuchenstück aus dem ganzen Kuchen „Religio", was nichts anderes als Rückbindung oder Esoterik heißt. Oft schließen sich diese gegenseitig aus, sind dogmatisch oder fanatisch denkend und handelnd.
Andere Hilfsmittel sind auch Bewusstseinsschulen, Therapieausbildungen, alles, was die eigene Wahrnehmung schärft, zur geistigen und seelischen Mündigkeit beiträgt, sodass der Mensch die Verantwortung für sich selbst voll und ganz übernehmen lernt.
Erwachte Menschen erkennt man daran, dass sie keinesfalls irgendwo draußen einen Sündenbock für ihre eigenen Unzulänglichkeiten suchen. Sich nicht mehr von jemandem tragen lassen wollen, sondern selber gehen.

Also durch Selbsterkenntnis in das Selbstbewusstsein gelangt sind und für sich, vom Selbst geführt, gut sorgen lernen.

Seit 1980 meditiere ich täglich.
Oft bin ich mit einer Frage oder einem spezifischen Thema in die Meditation eingestiegen.
So habe ich im Laufe der Zeit viele Botschaften von lichten Wesenheiten erhalten, wie zum Beispiel folgende: Eines Morgens war ich so traurig darüber, dass ich keine weiteren Kinder mehr bekommen konnte.
Mein Wunsch war damals, eine große, eigene Familie. Ich hatte eine sehr schwierige zweite Schwangerschaft und auch die Geburt war sehr kompliziert.
Mein äußerster Lichtkörper hatte sich während der Endphase des Geburtsvorgangs von den übrigen Körpern getrennt und ich habe alles

nur mehr von oben, außerhalb des Körpers gesehen. Wie der physische Körper reglos daliegt, die angsterfüllten Gesichter des Partners, der Hebamme. Wie der Arzt in den OP rennt und den Notkaiserschnitt vorbereitet usw.

Mein unsterblicher Körper ist in einem großen Lichtstrahl eingebettet, wie mit einem magnetischen Sog, immer weiter weg von dem grobstofflichen Geschehen geschwebt. Es war plötzlich wunderschöne Sphärenmusik hörbar, keine Bilder vom Entbindungsraum, kein Krankenhaus, keinerlei Schmerzen mehr. Bis ich von ganz weit weg ein Kind weinen hörte und ich wusste, das ist mein heiß ersehntes, gewünschtes Baby! Das Kind braucht mich!

Der Ruf des Kindes holte mich wieder in den Körper hinein, das ging ganz schnell.

Daraufhin empfahl der Arzt eine Unterbindung und dieses geschah am nächsten Tag. –

In der darauffolgenden morgendlichen Meditation hatte ich vor meinem inneren Auge, eine wunderschöne, gütig lächelnde Frauenerscheinung. Ich fragte sie über die gedankliche, geistige Ebene:

„Wer bist du?"

Sie antwortete: „Ich bin die Mutter Erde, manche nennen mich Mutter Gottes."

Ich war innerlich so sehr berührt, dass ich eine Weile einfach still war, jedoch kreisten alle möglichen Gedanken in mir.

Wie zum Beispiel: Das bilde ich mir jetzt nur ein, ich bin doch nicht eines der Lourdes- oder Fatima-Kinder, welche Marienerscheinungen hatten, etc.

Als ich mich emotional wieder gefangen hatte, fragte ich sie:

„Sollte ich etwas wissen?"

Sie antwortete: „Ja, b i t t e und b e t e ohne Unterlass".

Davon hatte ich nun einfach genug! Ich dachte an meine Kindheit, wie oft wir daheim Rosenkranz gebetet haben.

Ganz schlimm war es an Weihnachten vor der Bescherung, da habe ich das beten manchmal sogar als „Psychoterror" empfunden.

So antwortete ich ganz aufrichtig: „Das kann ich nicht!"

Sie lächelte erneut und sagte: „Jeder Gedanke ist ein Gebet. Ihr g e b e t etwas, aber so viele Menschen geben andauernd Negatives."

Das verstand ich und ganz plötzlich war es mir in diesem Augenblick auch klar, dass Negativformulierungen auch Negatives bewirken. Daraufhin fragte ich: „Warum darf ich keine Kinder mehr bekommen?"

Ihre Antwort war: „Ich werde Dir viele Kinder schicken. In jedem Menschen steckt ein Kind und in vielen davon sind diese sehr vergessen, verschüttet, traurig und verdrängt."

Damit wusste ich, dass ich nicht bestraft worden war, wie ich vorher im Verstand dachte, sondern beschenkt wurde.

Deshalb biete ich mittlerweile unter anderem auch „Inneres Kind"-Seminare an, die immer sehr berührend und erlösend wirken. Diesbezüglich sagte vor einiger Zeit ein Arzt, der es beiwohnte: „Das Seminar müsste zum Pflichtprogramm der medizinischen Ausbildung gehören! Alle meine Kollegen bräuchten dies auch für sich Selbst." Aber wir wissen ja, was Pflicht ist, erzeugt Druck und dieser wieder Gegendruck. Es würde sich das Ego dagegen auflehnen.

Daraufhin begann ich, dass ich mit meinen Kindern am Abend die Schutzengelgebete nicht nur auswendig „herunter geplappert" habe, sondern mit ihnen ganz einfach so sprach, als wären sie gute Freunde, die anwesend sind. Denn genau das sind die Engel auch.

Bis eines Abends mein jüngerer Sohn nach dem Gutenachtgebet sagte:

„Mami, dein Schutzengel lässt dir übrigens sagen, du sollst auch einmal mit ihm reden."

Als Mutter wollte ich das Gesicht nicht verlieren und so erwiderte ich ganz souverän:

„Danke Liebes, das mache ich, wenn ich dann unten im Wohnzimmer bin."

Ich gestehe, dass ich aus reiner Gewohnheit, so wie ich es bei meiner Mutter gelernt hatte, auch mit meinen Kindern Gebete sprach.

Jedoch hatte ich für mich, in eigener Sache ganz einfach keine Gebete mehr eingebracht. Für andere war ich immer wieder einmal Fürbitterin bei den Engeln.

Somit dachte ich, nach der klaren Aufforderung, die mein damals Dreijähriger aussprach, dass ich es einmal ganz anders als bisher machen werde. Ich setzte mich also ins Wohnzimmer, entfachte eine Kerze, legte sanfte Musik auf, schloss die Augen und fragte, nachdem ich ein paar tiefe Atemzüge zur Entspannung genommen hatte:

„Gibt es dich wirklich?"

Da kam ganz prompt die innere Antwort:

„Ja was glaubst du denn? Du redest mit deinen Kindern über uns und zweifelst uns jedoch an!"

Das war klar genug, so fragte ich meinen üblichen Satz:

„Sollte ich irgendetwas wissen?"

Die Antwort war:

„Ja, gib uns Aufträge, wir dürfen dir nicht helfen, wenn du nicht darum bittest. Lade uns ein, dass wir günstige Möglichkeiten für dich schaffen können. Wir müssen deinen freien Willen wahren und dürfen uns nicht ungebeten einmischen."

Da ich in jener Zeit auf Dauerlauf war, mit dem jeweils anstehenden Tagesprogramm, meinte ich, von einer genialen Idee beflügelt:

„Du bekommst einen Generalauftrag. So kannst du mir immer und jederzeit und überall helfen."

Ich hatte das Gefühl, als ob auf der anderen Seite gelächelt werden würde und die Antwort war:

„Nein meine Liebe, so geht es nicht. Immer wenn du sagst, ‚jetzt bitte', dann kann dir von uns geholfen werden. Wir sind immer da, aber du bist es, der das Kommando gibt. Es ist deine Wahl, nicht unsere. Für uns ist es eine große Freude, wenn wir Aufträge erhalten. Viele von uns sind unbeschäftigt.

Aber wir müssen uns an die Abmachungen halten, die ihr als Menschen einst getroffen habt. Ihr besitzt den freien Willen, den wir respektieren müssen."

(Er hat immer in der Wir-Form gesprochen, das wurde mir erst viel später bewusst. Heute weiß ich, dass für jeden Menschen sieben persönliche Schutzengel bereit stehen. Ganz abgesehen von den vielen anderen, die wir als Helfer- und Heilerengel, Erzengel, Elohim, Serafin, Cherubin sowie aufgestiegene Meister und Meisterinnen kennen.)

Jetzt hatte ich wieder den Ball auf meiner Seite. So fragte ich:

„Könntest du mir eventuell ein Zeichen senden, dass ich an dich denke, denn im Trubel des Alltags bin ich mit dem jeweiligen Thema beschäftigt, dass ich ganz auf deine Hilfe vergesse."

Er meinte daraufhin:

„In Ordnung, immer wenn du eine Feder siehst, dann denke an mich."

Seither sind mir so oft Federn untergekommen, zum Teil an den unwahrscheinlichsten Orten. Wie zum Beispiel im Operationsraum, wo so etwas eigentlich gar nicht sein sollte. Aber Engel machen vieles möglich, was für den Verstand unmöglich erscheint.

So könnte ich allein über dieses Thema sicherlich ein Buch füllen, und erzählen, welche wunderbaren Wunder ich in den letzten 30 Jahren miterleben durfte.

Viele gute Hilfsmittel oder helfende Wesen stehen uns beim Aufwachprozess zur Seite, unter anderem auch die Hilfe der Träume.

Im Volksmund heißt es deshalb auch:

„Den Seinen gibt es der Herr im Schlaf."

So manche Menschen verdrängen mittels Verstand die Traumbotschaft und meinen: „Träume sind Schäume."

Jedoch will jeder Traum, der in das Tagesbewusstsein herübergebracht wird, etwas aussagen. Auch wenn es ein Albtraum ist, hat dieser eine klare Botschaft in sich. Psychologisch gesehen ist dahinter die Einladung, dass unerlöste Ängste und Erfahrungen, die ursprünglich meistens aus einer anderen Rolle, vor diesem Erdenleben entstanden sind, erlöst gehören.

In den Traumseminaren, die ich anbiete, lernen die Teilnehmer(innen), wie sie mit ihrer inneren Weisheit oder Traumkraft in Kontakt kommen, damit sie ihre eigenen Träume deuten können.

Es gibt viele Bücher über die Symbolkraft der Träume, jedoch sind dies immer nur „Wahrscheinlichkeiten".

Was genau der Traum für den jeweiligen Menschen spezifisch aussagen will, weiß einzig und allein die innere Weisheit desjenigen.

Jedes Hilfsmittel hat in seiner Zeit den einzigen Sinn und Zweck, dass der Mensch eine Unterstützung oder Krücke am Weg nach Hause in sich SELBST erhält.

Wer endgültig in sich SELBST gelandet ist, kann mehr und mehr die „Krücken" loslassen, denn diese haben dann ihren Zweck erfolgreich erfüllt und erübrigen sich.

Die Person lässt sich ab dann ganz von der inneren Weisheit führen.

7. DIE KRAFT DER SPRACHE

Als ich in der Schweiz verheiratet war und gerade die Ausbildung zum Reinkarnationsbegleiter absolviert hatte, stellte sich ein lieber Freund als Proband zur Verfügung. Beginnend mit einer spezifischen Entspannungsübung holte ich ihn aus dem Alltag in seine Mitte.

Danach sagte ich: „Lass zu, dass vor deinem inneren Auge ein Bild von einer Brücke entsteht."

Der liebe Freund sagte: „Ich sehe nichts, es ist nur dunkel."

Da war ich ganz verzweifelt und dachte, was soll ich jetzt tun?

Also bat ich meine inneren Helfer um Unterstützung. Ganz prompt erschien vor meinem inneren Auge das Bild von einer Schranke, die geschlossen war, worauf ein Schild hing, auf dem geschrieben stand, „Lass zu".

Da ich als Tochter eines Eisenbahners im Bahnhofshaus aufgewachsen bin und täglich miterlebte, wie die Schranken auf- und zugemacht wurden, war dieses Bild für mich eindeutig.

Ich holte ihn mit den Worten ab:

„Stell dir vor, dass ein Bild von einer Brücke entsteht." Schon erschien auch in ihm eine Brücke.

Ich staunte, wie exakt (wortwörtlich) das Unterbewusstsein der Wortkraft entspricht.

Später wurde mir von einem inneren geistigen Lehrer gesagt:

„Ihr habt ganz großartig mit euren Wortverdrehungen gesorgt, dass dieses Spiel der Unbewusstheit, der Illusion oder Scheinbarkeit lange genug aufrecht erhalten bleibt."

Mir war plötzlich klar, weshalb wir einige Wortwendungen so oft benutzen, manchmal sogar doppelt zu lassen um zuzuhören, zuzulassen, sich einzugestehen, usw. Das ist die Sprache des Verstandes. Er v e r dreht die Worte, macht sie kompliziert, macht sie zu und hält die Kraft der Worte im Kurzzeitgedächtnis.

Es muss so vieles dauernd wiederholt oder mühsam gelernt werden.

Ich habe das dann mit Kindern getestet und war fasziniert, wie dies wirkte.

Wenn ich sagte: „Höre mir zu", dann musste ich das Thema, um das es ging, bald wiederholen.

Wenn ich hingegen sagte: „Horch einmal her", dann hat das gesessen. Das Wort konnte lebendig bleiben, sogenannt „hineinsinken" oder kontemplieren.

In der Bibel steht: „Am Anfang war das Wort und es wurde Fleisch." Es kam in der Materie in die Wirkung.

Mein Exmann machte mich in der Schweiz auf meine falsche Wortwahl aufmerksam.

Er sagte, nachdem ich mit einer Schwester in Österreich telefonierte:

„Du sagst, wenn du mit deiner Schwester sprichst, dass du ihr etwas „vergönnst". Aber Du meinst genau das Gegenteil, denn du gönnst ihr etwas. Vergönnen bedeutet wortwörtlich missgönnen.

Da sich diese Wortwahl in der Umgangssprache eingebürgert hat, gibt es einiges zum Ausmustern in unserem Wortschatz. Hierfür ein herzliches Danke, lieber Humbert für Deine wunderbare Unterstützung!

Eines Tages hatte ich diesbezüglich, noch in der Schweiz lebend, während einer morgendlichen Meditation eine Rückschau in ein vergangenes Leben.

Ich war ein junger Jurastudent in Russland und bemerkte während einer Vorlesung, dass der Professor, etwas aus einem alten Weisheitsbuch zitierte, welches zur Gesetzgebung angewandt wurde. Es ging um den Kommunismus.

Im Anschluss hatte er das geschriebene Wort sinngemäß genau gegensätzlich interpretiert.

Nach der Vorlesung ging ich zum Professor und machte ihn auf den wahren Sinn des Wortes aufmerksam. Ich bemerkte Entsetzen in seinen Augen. Er begriff in diesem Augenblick, wie ich auch, dass dies das diktatorische Machtspiel, welches gerade durch das bestehende Regime herrschte, beenden würde.

Er sagte mit bebender Stimme: „Genosse, ich nehme dies zur Kenntnis und werde es weiterleiten. Halten sie sich zur Verfügung." So entließ er mich.

In der grauen Vorstadtsiedlung, in der ein Haus dem anderen glich, betrat ich den kleinen schmalen Weg, welcher von der Straße zum Elternhaus führte. Während ich die Haustüre aufschloss, hörte ich rückwärts ein Auto in rasendem Tempo heraneilen, das dann mit quietschenden Bremsen anhielt.

Ein uniformierter Mann entstieg dem Wagen und kam eiligen Schrittes den kurzen Weg zum Haus. Er sprach mich mit scharfer, eiskalter Stimme an: „Genosse Vladimir S ..." (Er nannte einen Nachnamen, der meiner Erinnerung entglitten ist.) Ich bejahte und dachte: „Toll, die reagieren schnell. Jetzt darf ich sicher mithelfen, dass die Gesetzeslage im Land humaner wird. Sicher wird dieser Mann mich mitnehmen wollen zum gemeinsamen Erarbeiten neuer Möglichkeiten."

Dem war aber ganz und gar nicht so. Nachdem dieser Uniformierte sich versichert hatte, dass ich die richtige Zielperson sei, griff er mit der rechten Hand in seine linke Brustinnentasche, zog einen Revolver mit Schalldämpfer und drückte diesen dreimal in meine Brustrichtung ab.

Erstaunt bemerkte ich, dass ich nur ein ganz kleines Brennen bei den jeweiligen Einschüssen spürte, es tat nicht wirklich weh.

In Sekundenbruchteilen registrierte ich, wie der Mann sich umdrehte, zum Wagen ging und genauso schnell, wie er hergekommen war, wieder abfuhr.

Ein Teil von mir dachte: „Ich muss meinen Eltern als ihr einziger Sohn eine Nachricht hinterlassen, dass alles gut wird. Denn ich wusste, wenn ich den Missstand im Sprachgebrauch entdeckt habe, dann werden es andere nach mir auch tun. Es ist nur mehr eine Frage der Zeit, wann dem Einzelnen das Wort als Kraft bewusst wird."

Mein Körper rutschte langsam, an der schon entriegelten Türe entlang, auf den Boden. Neben der Türe lag auf einem niederen Podest ein Schreibblock mit Stift, damit Botschaften innerhalb der Familie hinterlassen werden konnten.

Mit aller Willenskraft hinterließ ich noch die Worte: „Sorgt euch nicht es wird alles g ..." dann ging der äußerste Lichtkörper nach Hause ins Licht und der physische Tod war eingetroffen.

Nachdem ich diese Rolle nicht nur angesehen, sondern auch für uns alle erlöst hatte, war der Brennschmerz im Brustkörper, welchen ich in dieser Zeit gelegentlich verspürte, für immer verschwunden.

Als Therapeutin und Mentaltrainerin fragte ich oftmals meinen Klienten, was er (oder sie) anstatt des Symptoms, das ihn oder sie gerade plagte, gerne hätte. Da hieß es zum Beispiel bei Migräne-Patienten: „Ja, ich möchte kein Kopfweh mehr." Dann ermunterte ich für eine positive Wortwahl und hörte dann oft „Keine Schmerzen mehr".

Ich half dann nach mit dem Angebot, wie wäre es mit:

„Ich möchte einen gesunden, freien Kopf."

Gesunde Worte erschaffen Gesundes, kranke Worte das Kranke.

Es wird unbewusst immer wieder daran festgehalten, besonders, wenn jemand ständig wiederholt, m e i n Kopfweh, m e i n Halsbrennen, oder m e i n Rückenschmerz etc. Damit wird das Thema immer wieder manifestiert.

Jesus hat die Kraft der Sprache und die Erschaffung unserer Realität sehr deutlich mit den Worten erklärt:
„Bittet um was ihr wollt (der Gedanke und das Bild)
und glaubt nur, dass ihr erhalten habt (der Glaube, das Gefühl)
und es wird euch Anteil werden" (nach der Gesetzmäßigkeit der Zeit, kommt es früher oder später in die Materie).
Das hört sich grammatikalisch zwar falsch an, ist aber schöpfungsgesetzmäßig richtig.
Jesus fragte auch diejenigen, welche ihn um Heilung baten:
„Glaubst du, dass ich dir helfen kann?", wenn der Befragte antwortete:
„Ja Herr, ich glaube." Dann erwiderte Jesus:
„Dein Glaube hat dir geholfen!"
Jede Verneinung bewirkt genau das, was man meiden möchte.
Deshalb bezweifle ich, dass Jesus im einzigen Gebet, das er der Menschheit mitgegeben hat, eine Verneinung eingebaut hatte. Das wiederspricht seinem erwachten Sein.
Im Vater unser das „und führe uns nicht in Versuchung" erzeugt immer wieder die unterschiedlichsten Versuchungen. Optimal formuliert wäre es zum Beispiel: „… und führe uns ins Heil."
Ich gehe davon aus, das dieser „Sprachfehler" in der Übersetzung ungewollt passiert ist.
Genauso auch die Formulierungen in den 10 Geboten von Moses „Du sollst nicht töten", und so fort. Sie bewirkten unendlich viel Leid!

Das Unterbewusstsein empfängt das „nicht" nicht, sondern es empfängt das Wort, erschafft das Bild und entwickelt das Gefühl von töten etc.

Fazit vom all dem ist: Wir haben das Spiel der Unbewusstheit hervorragend erschaffen und lange Zeit erlebt.

Anders gesagt, wenn ich ein Wort anwende, dessen ursprünglichen Sinn ich verdrehe, kommt die heile Erschaffenskraft abhanden.

Es kommen „Halbheiten" ins Leben sowie viele Kompromisse, etc., wobei das „missbrauchte" Wort die ursprüngliche und eine Kraft verliert.

Daraus entstehen viele Komplikationen im Leben, draußen wie drinnen, die durch unbewusstes Denken und Reden erschaffen wurden.

TEIL ZWEI

8. DAS SUCHEN UND FINDEN DES KÖRPERDATENSCHLÜSSELS

mit einem herzlichen Dank an Fritz Guggisberg

Da ich fortlaufend auf Weiterbildung war und nach wie vor bin, gab es Situationen, an denen Klienten sagten: „Weil du nicht da warst, ist es mir so schlecht gegangen."

So hatte ich oftmals ein schlechtes Gewissen, weil ich dachte, die Klienten wären von mir abhängig.

Für das rationelle, wirtschaftliche Ohr klang das angenehm, es war eine gewisse Lebensversicherung, aber innerlich wusste ich es besser.

Es ist nicht sinnvoll, wenn jemand von einem anderen abhängig wird.

Genauso wenig, dass dem Einzelnen nur kurzfristig Linderung verschaffen wird. Gut ist es, wenn ein jeder für sich selbst regelmäßig Gutes tun lernt.

Jeder Therapeut weiß, dass Symptome relativ schnell „abgenommen" werden können. Aber wenn die Ursache dahinter nicht erlöst ist, werden die Symptome sich wiederholen, oder es erscheinen andere stattdessen.

So wurde ich eines Tages durch meine Tätigkeit energiefühlend.

Wenn die Hände über den Äther-, Energie- oder Aurakörper (außerhalb des grobstofflichen) streiften, konnte ich immer wieder warme und kalte Körperstellen erfühlen.

Wenn ich nach der angewandten Akupressurarbeit die Aura erneut fühlte, so war diese überall gleichmäßig warm. Die Personen fühlten sich wohl.

Wenn diese aber nach einigen Tagen oder Wochen wiederkamen, so hatten sie wieder, wie schon davor, diese unausgewogene Energie. Einige Stellen waren warm, oftmals fast heiß, dafür waren andere kalt.

Im Laufe der Jahre wurde mir klar, dass es ein Prinzip dahinter geben musste, denn in der Schöpfung hat alles seine perfekte Ordnung.

So begann ich mit der inneren Bitte: „Gott Vater-Mutterselbst, wenn es sein darf, so zeigt mir bitte, wie ich hier effizienter helfen kann."

Kurz vor meinen 40. Geburtstag, im Jahr 1994, begann plötzlich in meinen Händen ein ziehender Schmerz, immer wenn ich an jemandem gearbeitet hatte. Da diese manuelle Tätigkeit eine sehr sanfte war, erstaunte mich dies sehr.

Durch die Mentaltrainer-Ausbildung konnte ich mit dem Symptom sprechen und so fragte ich über die Seelen-Geistebene meine Hände, was sie mir mittels ziehenden Schmerzen sagen wollen.

Die Antwort war: „Gib den Einzelnen ihre eigenen Hände in die Hand."

Ich erwiderte: „Das mache ich ja, ich biete Akupressur-Ausbildung an." Es hieß daraufhin: „Viel zu kompliziert!"

An meinem 40. Geburtstag hatte ich im Halbschlaf um halb fünf Uhr früh die innere Botschaft: „Geh nach Basel." Noch ganz schläfrig fragte ich im Gedanken: „Was soll ich in Basel?" Die innere Stimme sagte weiter: „Ruf die Rita an." Das war alles, danach kam nichts mehr.

In dieser Zeit lebte ich wieder in Salzburg und es war ein Besuch in der Schweiz eingeplant, da mein älterer Sohn seinen 18. Geburtstag feierte.

So rief ich später meine Freundin Rita in der Ostschweiz an und fragte sie, ob sie am Freitag daheim sei, weil ich sie gerne besuchen würde.

Sie meinte, das sei wunderbar, Freitag ginge gut, denn Samstag und Sonntag ginge nicht, da sei sie in Basel.

Natürlich fragte ich sofort, was sie denn in Basel machen würde. Worauf sie antwortete:

„Der Zahlenpapst in Europa, wie er genannt wird, Fritz Guggisberg hat jetzt in einer Vision den Körper-Datenschlüssel herein bekommen, der Wunder wirkt."

Daraufhin sagte ich nur: „Melde mich bitte an, ich komme mit, das suche ich schon seit drei Jahren."

So fuhr ich mit nach Basel. Das Wissen, welches Fritz Guggisberg übermittelte, bestätigte genau meine Ahnung, dass es eine wundervolle Selbsthilfe-Möglichkeit für Jedermann, Frau und Kind gab.

Fritz Guggisberg ist im November 1994 mit über 80 Jahren gestorben.

Ich bin einige Male nach Basel gefahren, sodass ich dieses Wissen auf leichte Art und Weise dem Menschen weitergeben lernte. So kann auch schon ein kleines Kind ohne Fremdmittel mit den eigenen Händen vorbeugend den persönlichen Energiehaushalt ins Lot bringen.

Seither habe ich nicht mehr therapiert, auch die vielen Therapiebetten mitsamt der Organisation zur Akupressur-Ausbildung habe ich weitergegeben.

Ich zeige seither jedem Einzelnen, wo im eigenen Körper die unerlösten Aufgaben schlummern und wo sich die dafür nötige Lösungsenergie befindet. Damit erhalten die energetisch „unterversorgten" Körperorte durch die eigenen Hände wieder Erlösungs- und Heilenergien sowie wahre Seelenliebe.

An dieser Stelle möchte ich Fritz Guggisberg meinen aufrichtigen Dank aussprechen! Er war der Überbringer dieser wunderbaren Selbsthilfe.

Diese Selbsthilfe anhand der Geburtsdaten wurde an verschiedenen Orten dieses Planeten am 4. 4. 1994 einigen Menschen offenbart.

Die Quersumme dieses besonderen Datums beträgt 31/ 4. = aus der inneren Dreieinigkeit, inspirierte Handlungen vollbringen. Oder einfacher ausgedrückt: „Aus dem Herzen handeln."

An diesem besonderen 4. 4. 1994 gab es eine der außergewöhnlichen Sternenkonstellationen, bei der die Fixsterne Sirius A und B in einer direkt geraden Achse zur Erde standen. Was zur Folge hatte, dass ganz viele Menschen einen inneren oder äußeren Impuls zur Weiterentwicklung erhielten.

Diese Konstellation gibt es in dieser Form alle 60.000 Jahre.

Sirius wird oft als der Lernstern bezeichnet, er fördert die Weiterbildung und Weiterentwicklung der Menschheit.

In den nachfolgenden Kapiteln möchte ich Dir das erlangte Wissen vereinfacht zur Selbsthilfe weitergeben.

Ich habe das Körperbild von Fritz Guggisberg erlernt und lernte zehn Jahre davor die Pentagramm-Errechnung in Zürich.

Da sich diese beiden Prinzipien wunderbar ergänzen, unterrichte ich sie gemeinsam in den von mir angebotenen Seminaren.

Beim Pentagramm wird theoretisch erklärt, welche Talente, Fähigkeiten und Berufung man in das Erdenleben mitgebracht hat.

Das ist die Theorie, die ich der Vollständigkeit halber mit in das Buch bringe, aber nicht groß darauf eingehe. Wer mehr darüber wissen möchte, kann sich aus vielen Fachbüchern Wissen darüber holen.

Oft habe ich mich gefragt, weshalb so viele Menschen ihr Potenzial nicht entfalten. Seit ich das Körperbild kennengelernt habe, ist mir vieles klar geworden. Hier wird erkenntlich, wo die Blockaden für eine volle Entfaltung des Menschen sitzen und wie diese praktisch und ganz einfach erlöst werden können.

Denn das theoretische Wissen ist das Eine, das aktive Tun, das Andere, gemeinsam ergibt dieses ein Ganzes.

Ich widmete mich also mehr dem aktiven, praktischen Tun.

9. DIE GESCHENKE DES GEBURTSDATUMS ENTSCHLÜSSELN MIT HILFE DER SPIRITUELLEN ZAHLENKUNDE

Ein Leben ohne Zahlen ist unvorstellbar. Zahlen beschreiben und erklären einfach alles. Deine Person (Geburtsdaten, Wohnort, Gewicht, Alter, usw.), sie bringen Ordnung in tägliche Abläufe (Zeitangaben, Kontonummern, Preise, Mengenangaben, Geldmittel, usw.).

Die Wissenschaft erklärt die Erde, das Universum, das Leben, seine Entstehung, alle Lebewesen, jede Zelle, jedes Atom, jeden Gegenstand, jedes Element, jede Bewegung und Reaktion usw. anhand von Zahlenschlüsseln.

Die Computersprache ersetzt den Buchstaben und das Wort durch Zahlen.

Denkt man weiter nach, wo überall Zahlen vorkommen und welche Bedeutung sie in unserem Leben haben, ist man erstaunt, wie selbstverständlich die Zahlen unser Leben begleiten und unterstützen.

Sie stellen dar, definieren, stellen Bezüge her, ordnen und jede Zahl ist ein Symbol. Sie erklärt immer eine bestimmte Art von Energie. Energie wiederum bedeutet Schwingung und Schwingung bedeutet Leben.

Nicht unsere Zeit hat die Bedeutung der Zahlen geprägt, denn sie bedient sich der Zahlen und ihrer Symbolik nur auf eine sehr sachliche Art. Es waren die alten Kulturen, die dem Wesen und der Essenz der Zahl auf den Grund gingen, ihren schöpferischen Charakter erkannten und ihn nutzten. Also schon vor Jahrtausenden wurde in China, Ägypten, Griechenland sowie unter anderem auch im alten Rom die Zahlenbedeutung genutzt.

600 vor Christi war es Pythagoras, ein Philosoph und griechischer Mathematiker, der in seiner Mysterienschule die Zahlenkunde lehrte. Ebenso hat nach ihm auch Platon dieses Wissen weitervermittelt.

Eine der bedeutendsten zahlenmystischen Lehren ist auch die Kabbala, das Buch der verborgenen Weisheit. Sie kommt aus dem Hebräischen.

Der jüdischen Sage nach, hat Abraham sie in tiefer Meditation und Versenkung direkt von Gott empfangen und nach und nach niedergeschrieben.

Die Kabbala erklärt in symbolischer Form Gott, die Entstehung des Universums, die Beziehung des Menschen zum Göttlichen und stellt die Schöpfung als göttlichen Schöpfungsprozess dar.

Das dabei angewandte Denksystem bezeichnen wir als die Zahlenkunde oder Numerologie (kommt von Numero – die Zahl).

Sie ist ein System, das die Symbole der Zahlen deutet.

Der suchende Mensch bedient sich heute des Wissens der Zahlenmystik und Zahlenkunde ebenso, wie er sich aller verborgenen Wahrheiten bedient. Diese helfen ihm, damit er die kosmischen Gesetze begreifen und somit auch seinem eigenen Selbst begegnen lernt.

Esoterisch denken heißt, inhaltlich und in großen Zusammenhängen denken.

„Esoteros" = griechisch „das Innere"

Im Gegensatz dazu ist

„Exoteros" = griechisch „das Äußere", das in Form Gegangene.

Der Mensch sucht dabei Antworten auf die Fragen:

- Wer bin ich?
- Woher komme ich?
- Was befindet sich um mich herum?
- Welche Begabungen und Talente besitze ich?
- Wie kann ich diese optimal einsetzen?
- Welche Berufung habe ich?
- Wo sind meine Schwachpunkte?
- Wo ist die entsprechende Lösung dafür?

Die Antworten auf diese Fragen sind Erkenntnisse, die wir aus dem verborgenen Wissen und den Wahrheiten des Unsichtbaren bekommen. Sie bedeuten Selbsterkenntnis, Erkennen des Sinns in allen Dingen, Vorgängen, im Leben selbst. Diese Erkenntnisse weisen Gesetzmäßigkeiten auf, die in keinen Lehrbüchern der Schulen stehen.

Sie sind unter anderem auch als die kosmischen oder geistigen Gesetze auf Seite 43 erklärt.

Die Zahlenkunde beinhaltet die lebenswichtigen Gesetze. Die Zahlen stellen Symbole für Energien dar. Dies wird auch im Tarot ersichtlich (ägyptische Zahlendeutung durch Bilder).

Sie sind nicht nur Quantität, sondern auch spezifische Qualität.

Beim Pentagramm und Körperbild bedienen wir uns daher der mystischen Zahlenkunde, womit dem Menschen anhand der Geburtszahlen seine Aufgaben und seine körperliche, geistige und seelische Beschaffenheit im Zusammenspiel mit den universellen Gesetzmäßigkeiten erklärt werden und er diese sinnvoll für sich nutzen lernt.

Pentagramm und Körperbild sind ein Werkzeug für uns, mit dem wir erkennen, dass wir alle Lernende sind und wie Studenten einfach begreifen dürfen, dass wir Prüfungen nicht nur aufschieben, sondern auch annehmen und die Lösung sowie die Geschenke, die darin enthalten sind, empfangen lernen. Je weniger wir aufschieben, desto schneller gelangen wir an das Ziel.

10. DAS PENTAGRAMM

Das Pentagramm repräsentiert die vier Elemente
Erde, Wasser, Feuer, Luft,
über die als Fünftes der Geist (= die Quintessenz) herrscht.

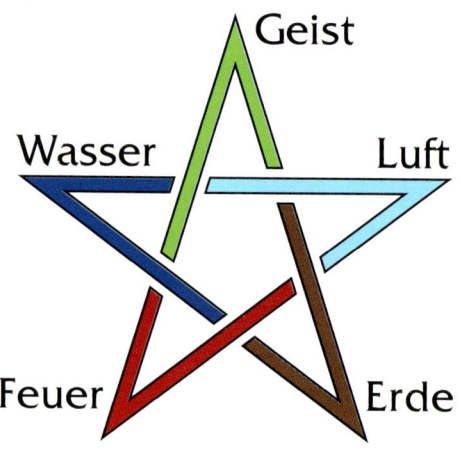

Das Pentagramm ist und war in allen Zeiten ein starkes Schutzzeichen.
  Es symbolisiert mit der Spitze nach oben den zur Göttlichkeit hingewandten Menschen.
  Die Druiden (Medizinmänner im germanischen Bereich) hingen oft das aufgerichtete Pentagramm als Schutz vor Häuser oder brannten es in der Bettstatt ein. Es diente dem schlafenden Menschen als Schutz vor dem Fluch oder der Trut (dunkles Geistwesen, das in der Nacht den schlafenden Menschen die Luft raubt). Der Medizinmann bei den Indianern brannte dieses Zeichen als Schutz auf die Zelte.

In Ägypten wurden viele Pentagramme in den Pyramiden als Schutz vor Grabräubern angebracht, weshalb die ersten tot umfielen.

Lange Zeit vermutete man, dass der Grund dafür Gift gewesen sei, bis die starke Schutzkraft des Pentagramms erkannt wurde.

Da in der Dualität immer beides vorhanden ist, symbolisiert das Pentagramm mit der Spitze nach unten das schwarz-magische Zeichen.

Hier geht es ausschließlich um Macht und spirituellen und materiellen Besitz. Damit wird jemanden zum Eigennutz Energie „abgezapft".

Energie kann Tat, Kraft, Zeit, Rat oder auch Feinstoffliches bedeuten.

Das Pentagramm als Darstellung eines Menschen

Die Betrachtungsweise ist folgende:

Außen, rechte Körperseite   Innen, linke Körperseite
(Verbindung mit der Umwelt)   (Verbindung mit dem Selbst)

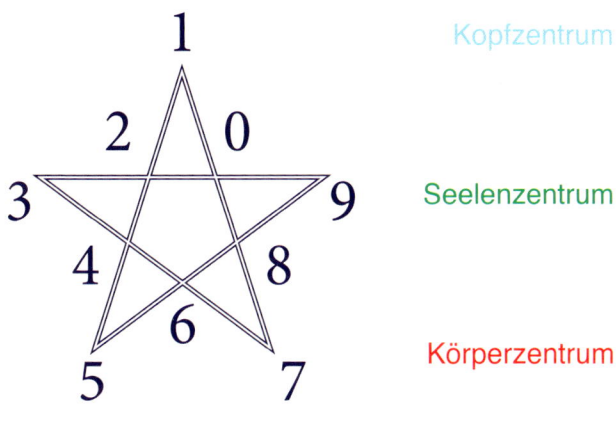

- Geistzentrum   (Kopf und Hals) 1, 2, 0

- Seelenzentrum   (Schultern, Arme, Hände, Oberkörper) 3, 4, 8, 9

- Körperzentrum   (Unterkörper, Beine, Füße) 5, 6, 7

In den Feldern 2, 3, 4, 5 verbindet sich die Person mit der Umwelt.
 In den Feldern 7, 8, 9, 0 wird die Verbindung mit dem Selbst aufgenommen.
 Das 1. Feld steht für Wille (Persönlichkeitswille oder der Wille des Einen, Inspiration).
 Das 6. Feld steht für die Entscheidung (wie oben, die 1, so unten, die 6) des sich Entdecken, Suchen und Finden. Es fordert das bedingungslose Ja zum Selbst.

Das Eintragen der Zahlen am Pentagramm geschieht folgendermaßen:
 Die Zahl 1 wird oben an der Spitze eingetragen. Die nächsten Zahlen werden reihenfolgemäßig in linker Schreibrichtung, also entgegen des Uhrzeigersinnes, eingetragen.

Somit stehen die Zahlen 1, 3, 5, 7, 9 jeweils an den Spitzen,

die Zahlen 2, 4, 6, 8, 0 in den Zwischenfeldern.

Die Lebensaufgaben werden anhand von zehn Feldern im Pentagramm wie folgt definiert:

1 Führungsfeld	**Göttlicher Vater**	
	Inspiration, der Wille (göttlicher oder personeller), Führungskraft, Geist, Bewusstsein	
2 Prüfungsfeld	**Göttliche Mutter**	
	Analytik, Intuition, Prüfen und Fühlen, Ehe	
3 Familienfeld	**Göttliches Kind**	
	Kommunikation, Kommunion, Soziales	
4 Tatenfeld	Handeln, Herzlichkeit, Erschaffen	
5 Heilungsfeld	Rückbindung, Dienstleistung, Heilung, Hilfe	
6 Entdeckungsfeld	Pioniers-, Schöpfungs-, Sexual- und Heilkraft	
7 Bewusstseinsfeld	Selbstfindung, Selbstständigkeit, Selbstbewusstheit	
8 Achtsamkeitsfeld	Harmonie, Gesundheit, Ordnung, Gerechtigkeit	
9 Weisheitsfeld	Urvertrauen, Wissensbildung, Lehrer und Schüler	
10 Wandlungsfeld	Reform, Diplomatie, die Genialität der Einfachheit, Veränderung bringt Vereinigung	

Die einzelnen Zahlen des Geburtsdatums werden in das entsprechende Feld eingetragen, so viele vorhanden sind.

Wenn eine Zahl mehrmals vorkommt, diese entsprechend der Anzahl in das dafür passende Feld einschreiben.

Anhand der Zahlensymbolik des Pentagrammes, lässt sich der Zusammenhang mit dem Universum begreifen und so auch die mitgebrachten Talente, Fähigkeiten und Aufgaben erkennen.

11. DIE STATISCHEN UND DYNAMISCHEN ZAHLEN DES PENTAGRAMMS

Überträgt man die Geburtszahlen in das Pentagramm, so entstehen zwei Zahlenqualitäten:

Die blauen oder schwarzen Zahlen sind statisch. Ihre Position zeigt das Pentagramm auf Seite 97. Sie offenbaren im entsprechenden Feld die mitgebrachten Talente, Fähigkeiten und vorhandenen Kräfte. Ungeachtet, ob sie vom Menschen im Leben eingebracht werden oder nicht, denn dies obliegt dem freien Willen des Menschen.

Die roten Zahlen sind dynamisch und werden aufgrund der errechneten Quersumme des Geburtsdatums positioniert. Sie zeigen in den entsprechenden Feldern die Energien, die dem Menschen zur Verfügung stehen, damit er vom Beruf zur Berufung kommt. Sie wecken auch die im entsprechenden Feld befindliche Urkraft (statische Kraft).

Zum Beispiel: Wenn auf dem statischen, leeren Feld 3 wie bei meinem nachfolgenden Beispiel, eine rote 9 steht, weckt die Qualität der 9 auch gleichzeitig die der 3. Das bedeutet, dass 9 (Weisheit, Lernbereitschaft und Vorbildfunktion) in der 3 (Familie, Gemeinschaft, Menschheit, Kommunikation) eingesetzt wird.

Leerfelder weisen darauf hin, dass diese fehlende Zahlenqualität erarbeitet und integriert gehört, damit Vollständiges und Ganzheitliches geschehen kann. Nahe Angehörige und Freunde leben diese fehlenden Felder meistens als Spiegelbilder vor. Da das Pentagramm aufgrund des Geburtsdatums erstellt wird, kann ein erwachsener Mensch bereits einige seiner Aufgaben- und Lernfelder zum Zeitpunkt der Erstellung seines Pentagramms bearbeitet und leere Felder aktiviert und mit integriert haben.

12. DAS GEBURTSDATUM MIT VIER BEISPIELEN AM PENTAGRAMM

Die numerologische Auswertung mittels Pentagramm.
Geburtsdatum: 27. 6. 1954
Achtung! Die Computer 0 nicht mit einbeziehen!
(die gesamte Quersumme zusammenzählen)
2+7+6+1+9+5+4 = 34, 3+4 = **7 = Lebenszahl,** Lebensaufgabe oder Berufung
2+7= **9 = Tageszahl,** Hinweis auf Individualität, wohin sich der Wille entfaltet, was die Bestimmung ist.
6 = Monatszahl, Hinweis auf das mütterliche Erbe
1+9+5+4 = 19, 1+9 = **10 = Jahreszahl**, Hinweis auf das väterliche Erbe
Anfänglich werden die statischen Geburtszahlen (2-7-6-1-9-5-4) in die entsprechenden Felder des Pentagramms eingebracht. Beginnend bei 1, sie steht an der Spitze, danach werden die restlichen Zahlen entgegen dem Uhrzeigersinn eingetragen.
Nun wird die errechnete Lebenszahl (Quersumme) rot in die Mitte des Pentagramms geschrieben. (In meinem Beispiel die 7.)
Im Anschluss wird die 7 noch einmal an die Spitze neben der 1 angefügt (wenn im Geburtsdatum vorhanden, entsprechend viele 7 eingetragen).
Ab dieser Lebenszahl schreibt man die übrigen Zahlen entgegen dem Uhrzeigersinn noch einmal in rot ein. In meinem Beispiel käme eine 8 auf das statische Feld 2. Da ich jedoch keine 8 im Geburtsdatum habe, wird erst die 9 in das statische Feld der 3 eingetragen. In das Feld der 4 würde die 0 stehen, wenn ich eine hätte; da diese nicht im Geburtsdatum vorhanden ist, kommt erst im Feld der 5 die 1 usw.

Hier nun im Anschluss 4 Beispiele.

PENTAGRAMM

Name: Ida
Geb.-Dat.: 27. 6. 1954 = 43/7 Lebensaufgabe

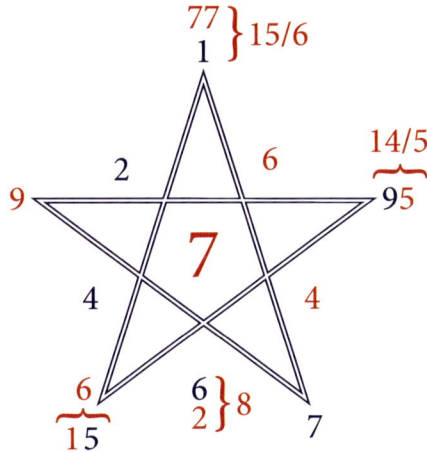

1 = 1. Gedanke, die Inspiration – innere männliche göttliche Führungskraft
2 = 1. Gefühl, die Intuition – innere weibliche göttliche Führungskraft
3 = Die innere Dreieinigkeit von Gottvater, Mutter und Kind

Die schöpferische	1	Wille, Inspiration	Die liebende	6	Schöpfungskraft
Die sensible	2	Analytik, Intuition	Die mystische	7	Selbstfindung
Die soziale	3	Kommunikation	Die gerechte	8	Harmonie
Die fleißige	4	Handeln	Die göttliche	9	Weisheit
Die strahlende	5	Urvertrauen	Die wandelnde	10(0)	Veränderung

Die 1 und 2 stehen für die Entscheidung und fordern das bedingungslose JA zum Selbst.
Die 6 ist die Heil-, Sexual- und Schöpfungskraft

PENTAGRAMM

Name: Maria
Geb.-Dat.: 2. 7. 1917 = 27/9 Lebensaufgabe

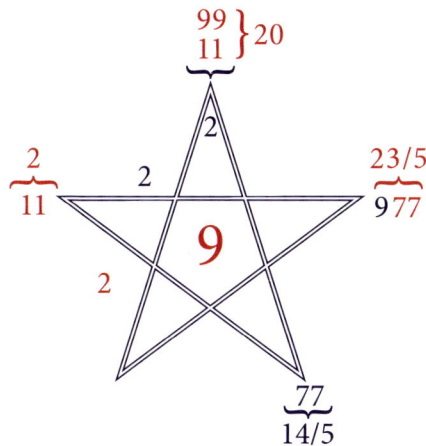

1 = 1. Gedanke, die Inspiration – innere männliche göttliche Führungskraft
2 = 1. Gefühl, die Intuition – innere weibliche göttliche Führungskraft
3 = Die innere Dreieinigkeit von Gottvater, Mutter und Kind

Die schöpferische	1	Wille, Inspiration	Die liebende	6	Schöpfungskraft
Die sensible	2	Analytik, Intuition	Die mystische	7	Selbstfindung
Die soziale	3	Kommunikation	Die gerechte	8	Harmonie
Die fleißige	4	Handeln	Die göttliche	9	Weisheit
Die strahlende	5	Urvertrauen	Die wandelnde	10(0)	Veränderung

Die 1 und 2 stehen für die Entscheidung und fordern das bedingungslose JA zum Selbst.
Die 6 ist die Heil-, Sexual- und Schöpfungskraft

PENTAGRAMM

Name: Anton
Geb.-Dat.: 1. 11. 1918 = 22/4 Lebensaufgabe

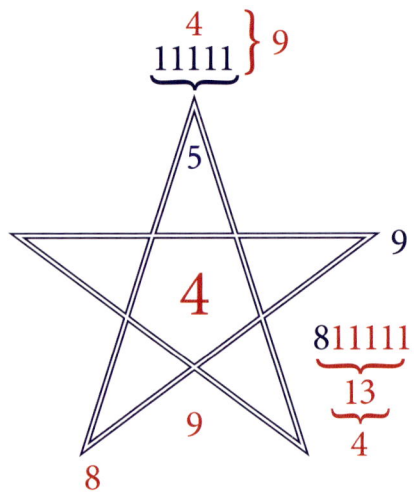

1 = 1. Gedanke, die Inspiration – innere männliche göttliche Führungskraft
2 = 1. Gefühl, die Intuition – innere weibliche göttliche Führungskraft
3 = Die innere Dreieinigkeit von Gottvater, Mutter und Kind

Die schöpferische	1	Wille, Inspiration	Die liebende	6	Schöpfungskraft
Die sensible	2	Analytik, Intuition	Die mystische	7	Selbstfindung
Die soziale	3	Kommunikation	Die gerechte	8	Harmonie
Die fleißige	4	Handeln	Die göttliche	9	Weisheit
Die strahlende	5	Urvertrauen	Die wandelnde	10(0)	Veränderung

Die 1 und 2 stehen für die Entscheidung und fordern das bedingungslose JA zum Selbst.
Die 6 ist die Heil-, Sexual- und Schöpfungskraft

PENTAGRAMM

Name: Sandro
Geb.-Dat.: 25. 7. 1977 = 38/11/2 Lebensaufgabe

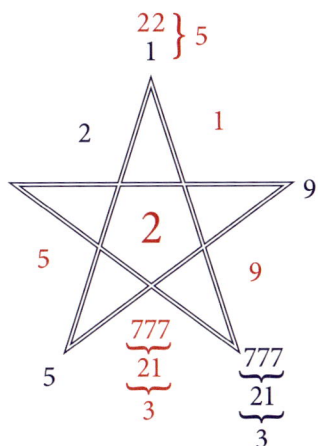

1 = 1. Gedanke, die Inspiration – innere männliche göttliche Führungskraft
2 = 1. Gefühl, die Intuition – innere weibliche göttliche Führungskraft
3 = Die innere Dreieinigkeit von Gottvater, Mutter und Kind

Die schöpferische	1	Wille, Inspiration	Die liebende	6	Schöpfungskraft
Die sensible	2	Analytik, Intuition	Die mystische	7	Selbstfindung
Die soziale	3	Kommunikation	Die gerechte	8	Harmonie
Die fleißige	4	Handeln	Die göttliche	9	Weisheit
Die strahlende	5	Urvertrauen	Die wandelnde	10(0)	Veränderung

Die 1 und 2 stehen für die Entscheidung und fordern das bedingungslose JA zum Selbst.

Die 6 ist die Heil-, Sexual- und Schöpfungskraft

13. ZAHLENINTERPRETATION FÜR DAS PENTAGRAMM

DIE SCHÖPFERISCHE 1 ➢ Das männliche Prinzip
Tarot Bezeichnung: Der Magier
„Das Führungsfeld"
Positiv > die männliche göttliche Führungskraft als Inspiration, die Idee, der Wille (göttlich oder persönlich).
Initiativ, führend, schöpferisch, aktiv, kräftig, gesund, bewusst, begabt, inspiriert, organisatorisch, willentlich.
Negativ > Egozentrik, Tyrann (Ich-Mensch), Überheblichkeit, Dominanz.

DIE SENSIBLE 2 ➢ Das weibliche Prinzip
Tarot Bezeichnung: Die Hohepriesterin
„Das Prüfungsfeld"
Positiv > Die Intuition, die Analytik, die Geduld.
Analytisch, logisch, beharrlich, produktiv, empfänglich, intellektuell, medial, hilfsbereit, passiv, intuitiv, empathisch, untergeordnet, ausdauernd, ausführend, prüfend, unterscheidend, fühlend, erklärend.
Negativ > Zweifel, Zynismus, Arroganz, Kritik, Süchte.

DIE SOZIALE 3 ➢ Das kindliche Prinzip
Tarot Bezeichnung: Die Kaiserin
„Das Gemeinschaftsfeld"
(inneres Kind, göttliches Kind > Christusbewusstsein)
Positiv > Der Familien- und Gemeinschaftssinn.
Künstlerisch, fröhlich, erfolgreich, glücklich, sozial, enthusiastisch, optimistisch, vielseitig, kommunikativ, herzlich, hilfsbereit, mitteilend.
Negativ > Narrenliebe, „Helferleinsyndrom", Lügen, Verleumdungen.

DIE FLEISSIGE 4 ➢ Manuelles Tun > Handwerk
Tarot Bezeichnung: Der Kaiser
„Das Tatenfeld"
Positiv > Solides Handwerk, Mut, rechtes Schaffen.
Überlegt denkend, hart (diszipliniert) arbeitend, in sich gekehrt, grüblerisch, lernfreudig, mutig, solide, aktiv, kreativ.
Negativ > Aggressivität, Rebell, zerstörerisch, unglücklich, hinrichtend.

DIE STRAHLENDE 5 ➢ Religio = Rückbindung nach innen
Tarot Bezeichnung: Der Hohepriester
„Das Heilungsfeld"
Positiv > Flexibilität, Vielseitigkeit, Dienstleistung.
Flexibel, beweglich, abenteuer- und reiselustig (nach innen), gefühlvoll, anziehend, begabt, sinnlich, würdevoll, auch dem Selbst in sich dienen, dann wird vom Selbst geholfen und geheilt und dem Anderen behilflich sein, zeigen wie es geht.
Negativ > Dogma, Fanatismus, alle Arten der Sucht und Verurteilungen.

DIE LIEBENDE 6 ➢ Schöpfungs-, Sexual-, Heilkraft
Tarot Bezeichnung: Die Liebenden
„Das Entdeckerfeld"
Positiv > Charme, Idealismus, Fröhlichkeit, Forscherdrang, Pioniergeist.
Mütterlich und väterlich, häuslich, kreativ, künstlerisch, charmant, idealistisch, vielseitig begabt, erfindend, erforschend, entdeckend, abenteuer- und reiselustig (nach außen).
Negativ > Machtgier, Unterdrückung, Terror, Süchte, Missbrauch (physisch oder psychisch).

DIE MYSTISCHE 7 ➢ Selbstfindung (vom ICH zum SELBST)
Tarot Bezeichnung: Der Siegeswagen
„Das Siegesfeld"
Positiv > Selbstbewusstheit, Selbstständigkeit.
Geheimnisvoll, zurückgezogen, außergewöhnlich, tiefdenkend, forschend, individualistisch, mystisch, loyal, „ehrgeizig", ästhetisch, ernsthaft, strebsam, siegreich.
Negativ > Maske, Arroganz, Überheblichkeit, Standpunkt oder Umweg (den das Ego, der Verstand, erzeugt).

DIE GERECHTE 8 ➢ Achtsamkeit, Harmonie, Ordnung, Gerechtigkeit
Tarot Bezeichnung: Die Waage
„Das Harmoniefeld"
Positiv > Kunst, Lyrik, Musik, heilsames Gestalten.
Gerecht, harmonisch, tolerant, ausgleichend, künstlerisch veranlagt, kreativ arbeitend, strukturierend, konzentrationsfähig, kontrollierend (Selbstkontrolle), diszipliniert, spontan, nostalgisch, traditionell.
Negativ > Rechthaberei, Starrheit, Trägheit, konservativ, zurückhaltend, stagnierend, nachtragend, Prinzipientreue.

DIE GÖTTLICHE 9 ➢ Weisheit, Wissensbildung
Tarot Bezeichnung: Der Eremit (Einsiedler)
„Das Weisheitsfeld"
Positiv > Weisheit, guter Ratgeber, Philosophie.
Hoch spirituell, moralisch, ethisch, klug, weise, sensibel, hingabefähig, liebevoll, rhetorisch begabt, freudvolles Lernen und Lehren.
Negativ > Besserwisserei, Kampfgeist, Fanatismus, Hochmut.

DIE WANDELNDE 10 ➢ Reform, Veränderung, Evolution
Tarot Bezeichnung: Das Glück
„Das Wandlungsfeld"
Positiv > Wandlung, Allesliebe.
Wandelnd, wechselnd, zusammenfassend, sammelnd, umfassend, vollendend, verändernd, vereinend, schwingend, einschließend, allumfassend liebend.
(„Es ist nichts beständiger, als der Wechsel" von Laotse)
Negativ > Stagnation, Sturheit, Leichtsinnigkeit, Unüberlegtheit, Steifheit, Egozentrik, Gaukler, Spieler, Zocker

Zur Ergänzung die 0 ➢ Das Unendliche, Diplomat
Tarot Bezeichnung: Der Narr
„Das Veränderungsfeld"
Die 0 ist die unendliche, alles umfassende, zusammenfassende und in sich einschließende Liebe der Weltmütterlich- und -väterlichkeit, unendlicher Begriff, unendlicher Raum und unendliche Zeit, Ausgang und Rückkehr aller Ewigkeit. Nicht-Sein, Noch-nicht-Sein, mit ihr beginnt alles Sein. Alpha und Omega oder Anfang und Ende. Die Genialität der Einfachheit, die Leichtigkeit des Seins. (Kinder und Narren sprechen die Wahrheit aus!)

14. DIE KOMPRIMIERTEN ZAHLEN IM PENTAGRAMM UND KÖRPERBILD

Komprimierte Zahlen entstehen durch eine Verdoppelung oder Mehrzahl gleicher Zahlen im Geburtsdatum. Immer, wenn mehr als einmal die gleiche Zahl erscheint, handelt es sich um komprimierte Zahlen. Eine solche Summierung von gleichen Zahlen bewirkt immer eine Verstärkung der Eigenschaft statischer und dynamischer Energien der betreffenden Grundzahl.

In der Regel entsteht **beim Pentagramm** dadurch eine einseitig ausgerichtete Wirkung. Es kann aber auch eine Schwächung durch Übersteigerung der betreffenden Eigenschaften eintreten. Bei Verdoppelungen werden die Schwierigkeiten umso größer, je mehr gleiche Zahlen vorhanden sind, weil dadurch ein entsprechender Mangel an anderen Zahlen entsteht. Somit ist eine einseitige Wirkung fast unvermeidlich.

Die Lösung liegt in der Zahlenqualität der Quersumme im betreffenden Feld.

Auch Genialität resultiert meistens aus einer einseitigen Zahlenkomprimierung.

Im Körperbild entsteht dadurch ein verstärkter Energieeinfluss einerseits und andererseits bestehen entsprechend starke Blockaden bzw. energielose Körperorte, auch Schwachstellen genannt.

15. DIE GÖTTLICHE HEIL-, SEXUAL- UND SCHÖPFUNGSKRAFT ERZEUGT DAS DREHBUCH

Sie ist jene Kraft, die seit der Zeugung außerhalb des Embryos grün strahlend fließt und als Geschenk für die Mutter gedacht ist, weil sie das Kind austrägt. Nach der Geburt erhalten jene, welche das Kind betreuen, diese Heil- oder Jungbrunnenkraft im liebevollen Austausch.

Sie fließt bis zur Pubertät außerhalb des physischen Körpers.

Deshalb heißt es im Volksmund: „Bringt die Kinder zu den Alten und Kranken, denn sie strahlen Jungbrunnen und Heilung aus."

Danach sinkt sie über die Wirbelsäule in das Becken und fließt dort in einer liegenden Achterschwingung.

Die vordere Hälfte der liegenden Achterschwingung beinhaltet die männliche Plusenergie und die rückwärtige Hälfte beinhaltet die weibliche Minusenergie.

Darüber hinaus schwingt der vordere Körperbereich bei jedem Menschen weiblich und der rückwärtige Körperbereich schwingt männlich. Wie beim Yin- und Yang-Symbol – Alles ist in allem enthalten. Im Großen wie im Kleinen. So schwingt auch in jeder Zelle eine Plus- und Minusenergie.

Von der vorderen Hälfte der liegenden Acht (der statischen 6, siehe Darstellung am Körperbild, die Zahlen im Dreieck) gibt es eine innere Direktverbindung zum Hinterkopf (zur statischen 1, dem Denkzentrum). Hier werden nun ab der Pubertät die Gedanken mit der ureigenen männlichen Schöpfungskraft befruchtet.

Vor der Pubertät hat der Mensch so etwas wie Narrenfreiheit, danach erschafft er sein Drehbuch.

Die rückwertige Hälfte der liegenden Acht (der statischen 8 im Dreieck), ist mit der Stirn verbunden (die statische 3, das Visualisierungszentrum). Hier werden die inneren Bilder mit der weiblichen Schöpfungskraft befruchtet.

Der befruchtete Gedanke und das befruchtete Bild erscheinen beeindruckt durch den Glauben oder der Überzeugung (das Gefühl im Bauch) in der Materie.

Dies geschieht früher oder später und entspricht der Gesetzmäßigkeit der Zeit.

Teil des Spiels war es, dass wir vergessen haben, dass wir erschaffende Wesen sind.

Sobald der Mensch wach ist und denkt, fließt die Heilkraft und kreuzt sich dadurch auf der Seelenebene (siehe am Körperbild). Deshalb kann jeder Mensch seine ureigene Heilkraft auch über seine eigenen Hände, die als die Werkzeuge der Seele und des Herzens dienen, weiterleiten.

Dorthin, wo im Körper diese Heilkraft nötig ist.

Siehe Grafik nächste Seite.

Körperbild: Energieausgleich

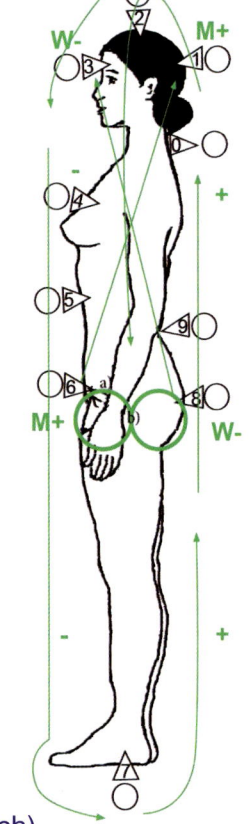

Die Energiezentren

1. Denkzentrum (Hinterkopf)
2. Inspirationszentrum (Fontanelle)
3. Visualisierung-, Vorstellungszentrum (Stirn)
4. Ausdruck-, Seelen-, Herzzentrum (Herzbereich)
5. Gefühls-, Wahrnehmungszentrum (Sonnengeflecht, oberhalb des Bauchnabels)
6. a) Milz-, Entscheidungszentrum (Hara, unterhalb des Bauchnabels)
   b) Schöpfungs-, Erlebniszentrum (zwischen den Beinen)
7. Fortschrittszentrum (Fußsohlen)
8. Antriebs-, Umsetzungszentrum (Gesäß, Kreuzbeinbereich)
9. Sicherheitszentrum, Urvertrauen (Rücken)
10. Erinnerungs-, Lebensbuchzentrum (Nacken)

16. DAS KÖRPERBILD

Die numerologische Auswertung mittels Körperbild:
Das Körperbild zeigt die Energiezentren des Menschen, die mit physischen und psychischen Funktionen einhergehen.
Mit Hilfe der Geburtszahlen wird der Einblick über die körperliche und seelische Ausgangssituation gezeigt.
Auch beim Körperbild haben wir wieder, wie auch beim Pentagramm

die statische Zahlenqualität und
die dynamische Zahlenqualität.

Die statischen Zahlen in blau oder schwarz dargestellt, zeigen jene Orte, die energielos sind.
Hier befinden sich die unerlösten Aufgaben der Vergangenheit.
Der Mensch strahlt über diese Orte Verletzbarkeit, Schwäche, Opferenergie oder Benutzbarkeit aus. Diese Energien gehören heilsam erlöst.

Die roten, dynamischen Zahlen stellen jene Orte dar, an denen der Körper Energie vom äußersten Lichtkörper bezieht.
Hier befindet sich die Lösung für die Aufgaben.
Die Zahlen für beide Energiekreise werden anhand eines Körper-Zahlenschlüssels erstellt.
Anhand dieses Zahlenschlüssels erfolgt die Verteilung der Zahlen auf die statischen und dynamischen Positionen. Die statischen Zahlen zeigen an, wo im Körper Energie fehlt und die dynamischen Zahlen weisen auf die sogenannten „kosmischen Steckdosen" im Körper hin. An jenen Orten empfängt der Körper fortwährend Energie vom äußersten Lichtkörper.

Das Körperbild zeigt hier an, wo der Mensch Opferenergie ausstrahlt, er also physisch oder psychisch geschwächt und energielos ist.

An den dynamischen Orten kann sich dagegen ein Übermaß an Energie befinden, die angestaut ist und sich deshalb auch in Form von Entzündung, Bruch, Tumor oder Implosion wie Infarkt oder Gehirnschlag entlädt.

Die Umleitung mit den eigenen Händen führt zum optimal gewünschten Energiefluss.

Dabei gehört berücksichtigt, dass der Rechtshänder die linke (empfangende) Hand an jener Stelle auflegt, an der Energie vorhanden ist und die rechte (gebende) dorthin platziert, wo Energiemangel herrscht. Beim Linkshänder ist dies umgekehrt. (Siehe 4. Beispiel Sandro.)

Sinngemäß wird aus der vollen Batterie in die leere Batterie Erlösungsenergie sowie wahrhaftige Liebes- und Heilkraft übertragen (drei verschiedene Schwingungsqualitäten).

Es ist empfehlenswert, dass immer als erstes die Verbindung von 2 Fontanellen und 7 Sohlen hergestellt wird, falls sie nicht schon vorhanden ist.

Sinngemäß den Himmel mit der Erde fusionieren oder den heilen Geist in die Materie bringen.

Danach die Rückenpositionen, bei denen Mangel besteht, mit Energie behandeln und als letztes die Positionen im vorderen Körper energetisch aufbereiten.

Dem großen Energiefluss entsprechend. –

Im Rücken fließt die Energie von unten nach oben, am vorderen Körper fließt sie von oben nach unten.

Da alles mit allem geeint ist, wie oben, so unten, wie außen, so innen, gibt es auch innere Achsenkombinationen.

Die inneren Achsenbeziehungen lauten folgendermaßen:

1 = Hinterkopf	hat Bezug zum	6 = vorderen Becken (Hara)
2 = Fontanelle	hat Bezug zur	7 = Fußinnenfläche
3 = Stirn	hat Bezug zum	8 = Becken (Kreuzbeingegend)
4 = Herzbereich	hat Bezug zum	9 = mittleren Rücken (Gürtellinie)
5 = Sonnengeflecht	hat Bezug zum	0 = Nackenbereich

Natürlich können auch diese Beziehungsachsen für die Energieumleitung angewandt werden, dies ist jedoch nicht immer möglich, wenn an den gegenüberliegenden Positionen die Energie fehlt. Bei der Quersumme 6 ist die optimale Kombination gegeben (siehe Beispiel „Ida").

17. DER DATEN-UMWANDLUNGSSCHLÜSSEL

Die drei folgenden Zahlen werden gewandelt. Damit wird ersichtlich, an welchen Orten am Körper Energie fehlt und wo sie vorhanden ist.

Die Wandlungszahlen: 0 wird im Körper zur 7
1 wird im Körper zur 6
2 wird im Körper zur 5

Das bedeutet, dass jeder im 19.. hineingeborene Mensch, mindestens eine Wandlungszahl im Geburtsdatum hat, nämlich die 1, welche im Körper zur 6 wird.
Siehe am folgenden Beispiel.
Achtung!
Die Computer 0 auslassen (nicht 27. 06. 1954, sondern:
27. 6. 1954 (die 2 wird zur 5 und die 1 zur 6
5+7+6+6+9+5+4 = 42 (Quersumme) 4+2=**6**

Diese Zahl 6 wird am Körperbild neben der statischen 1 im kleinen Dreieck am Hinterkopf (in den runden, freien Kreis) eingetragen. Danach werden alle weiteren Zahlen gegen den Uhrzeigersinn eingetragen.

Die 7 ist neben der 2 im Dreieck an der Fontanelle, danach fortlaufend weiter, bis alle zehn Zahlen in den Kreisen eingetragen sind.

Dann werden die gewandelten Zahlen des Geburtsdatums in **blau** (etwas größer) außerhalb des Körpers eingetragen, wo ihr statisches Feld ist. Die Zahlen, die sich im kleinen Dreieck befinden, zeigen die statischen Felder an. 4 wird beim Herzbereich eingetragen, 55 beim Sonnengeflecht, 66 beim Milzzentrum, 7 an den Füßen und 9 beim Rücken.

Diese Zahlen zeigen die unerlösten Themen (Aufgaben) im Körper.

Das sind jene Orte, an denen Energie fehlt, sogenannte Schwachstellen.

Als Nächstes werden die gleichen Zahlen noch einmal außerhalb des Körperbildes eingetragen, nur dieses Mal in **rot,** genau dort, wo sich auf Grund des errechneten Schlüssels die roten Zahlen im kleinen Kreis befinden.

Die roten Zahlen zeigen an, wo sich im Körper die Energie befindet, welche zur Erlösung der Blockaden benötigt wird.

Achtung!

Wenn die gewandelte Zahlenreihe des Geburtsdatums in der Quersumme eine 10 ergibt, so wird am Hinterkopf im Kreis die 0 eingetragen. Keine 1 (siehe Beispiel Sandro)!

Bei den übrigen Quersummen der gewandelten Geburtsdaten (z. B. 20, 30, 40 oder 50) werden am Hinterkopf die 2, 3, 4 oder 5 notiert.

Im Anschluss

4 Körperbildbeispiele mit Beschreibung (weiblich – männlich)

Körperbild – Energieausgleich

Ida, 27. 6. 1954
Gewandelte Zahl 5+7+6+6+9+5+4 = 42 = 4+2 = <u>6</u>

1. Linke Hand zur Fontanelle 7
Rechte Hand an die Fußsohlen 7
(eine nach der anderen)
w.o.   zum Kreuzbein X
w.o.   zum Rücken 94

2. Linke Handinnenfläche zum Nacken 55
Rechte Handinnenfläche zur Stirnmitte X
w.o.   zum Herzbereich 94
w.o.   zum Sonnengeflecht 55

3. Linke Handinnenfläche zum Hinterkopf 66
Rechte Handinnenfläche zum Milz- 66 a) und
w.o.   zum Basiszentrum 66 b)

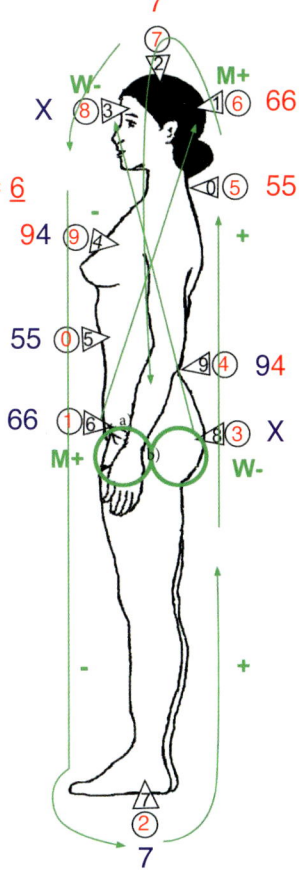

Die Energiezentren
  1. Denkzentrum (Hinterkopf)
  2. Inspirationszentrum (Fontanelle)
  3. Visualisierung-, Vorstellungszentrum (Stirnmitte)
  4. Ausdruck-, Seelen-, Herzzentrum (Herzbereich, oberhalb des Brustbeins)
  5. Gefühls-, Wahrnehmungszentrum (Sonnengeflecht, oberhalb des Bauchnabels)
  6. a) Milz-, Entscheidungszentrum (Hara, unterhalb des Bauchnabels)
  6. b) Schöpfungs-, Erlebniszentrum (zwischen den Beinen)
  7. Fortschrittszentrum (Fußsohlen, eine nach der anderen)
  8. Antriebs-, Umsetzungszentrum (Kreuzbeingegend)
  9. Sicherheitszentrum, Urvertrauen (Rücken, ab der Gürtellinie)
  10. Erinnerungs-, Lebensbuchzentrum (Nacken)

Körperbild – Energieausgleich

Maria, 2. 7. 1917
Gewandelte Zahl 576967= <u>4</u>0
1. Linke Handinnenfläche auf die Fontanelle legen 5
Rechte Handinnenfläche auf die Fußsohlen 77
(eine nach der anderen)

2. Linke Handinnenfläche an die Stirnmitte 66
Rechte Handinnenfläche zum Kreuzbein X
w.o.   zum Rücken 9
w.o.   zum Nacken X
w.o.   zum Hinterkopf X

3.) Linke Handinnenfläche zum Herzbereich 77
Rechte Handinnenfläche zum Sonnengeflecht 5
w.o.   zum Milzzentrum 66 a)
w.o.   zum Basiszentrum 66 b)

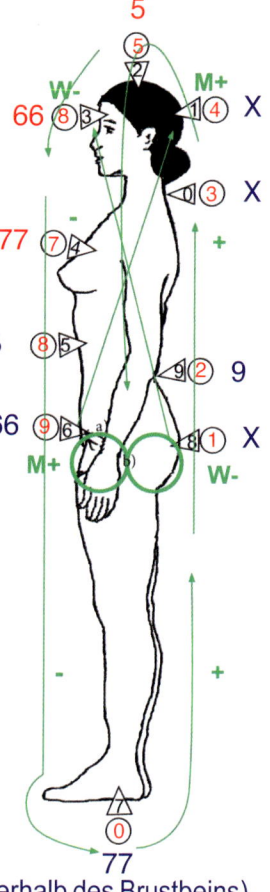

Die Energiezentren
 1. Denkzentrum (Hinterkopf)
 2. Inspirationszentrum (Fontanelle)
 3. Visualisierung-, Vorstellungszentrum (Stirnmitte)
 4. Ausdruck-, Seelen-, Herzzentrum (Herzbereich, oberhalb des Brustbeins)
 5. Gefühls-, Wahrnehmungszentrum (Sonnengeflecht, oberhalb des Bauchnabels)
 6. a) Milz-, Entscheidungszentrum (Hara, unterhalb des Bauchnabels)
 6. b) Schöpfungs-, Erlebniszentrum (zwischen den Beinen)
 7. Fortschrittszentrum (Fußsohlen, eine nach der anderen)
 8. Antriebs-, Umsetzungszentrum (Kreuzbeingegend)
 9. Sicherheitszentrum, Urvertrauen (Rücken, ab der Gürtellinie)
10. Erinnerungs-, Lebensbuchzentrum (Nacken)

Körperbild – Energieausgleich

Anton, 1.11.1918
Gewandelte Zahl 6666986= 47/11/2

1. Linke Handinnenfläche an die Fußsohlen 8
(die Materienebene mit der
Geistebene verbinden)

Rechte Handinnenfläche zur Fontanelle X
(den Kontakt zum höchsten
Bewusstsein aktivieren)

2.) Linke Handinnenfläche zum Sonnengeflecht
66666 (der Intuition folgen)

Rechte Handinnenfläche zum Kreuzbein 89
(sich auch für sich Selbst einsetzen)

Rechte Handinnenfläche zum Rücken 9
(unerlöste Ängste erlösen)

Rechte Handinnenfläche zum Nacken X
(die göttliche Einsicht aktivieren)

Rechte Handinnenfläche zum Hinterkopf X
(gesunde, liebevolle Gedanken produzieren)

Rechte Handinnenfläche zur Stirn X
(die ganzheitliche Sichtweise aktivieren)

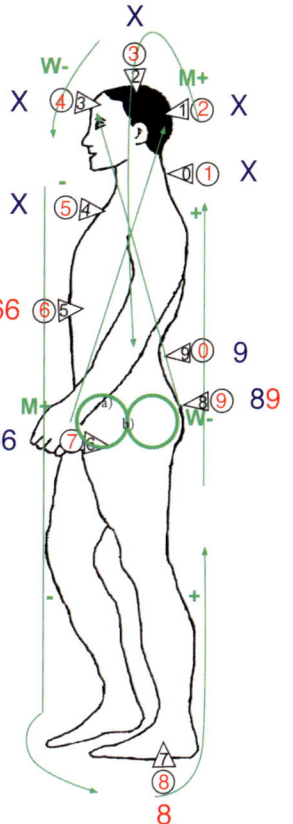

Rechte Handinnenfläche zum Herzbereich X
(nach Hause kommen in die wahre, göttliche Liebe)

Rechte Handinnenfläche zum Milzzentrum 66666 a)
(die weise Entscheidungskraft aktivieren)

Rechte Handinnenfläche zum Basiszentrum 66666 b)
(die Heil- und Schöpfungskraft aktivieren)

Die Energiezentren
1. Denkzentrum (Hinterkopf)
2. Inspirationszentrum (Fontanelle)
3. Visualisierung-, Vorstellungszentrum (Stirnmitte)
4. Ausdruck-, Seelen-, Herzzentrum (Herzbereich, oberhalb des Brustbeins)
5. Gefühls-, Wahrnehmungszentrum (Sonnengeflecht, oberhalb des Bauchnabels)
6. a) Milz-, Entscheidungszentrum (Hara, unterhalb des Bauchnabels)
6. b) Schöpfungs-, Erlebniszentrum (zwischen den Beinen)
7. Fortschrittszentrum (Fußsohlen, eine nach der anderen)
8. Antriebs-, Umsetzungszentrum (Kreuzbeingegend)
9. Sicherheitszentrum, Urvertrauen (Rücken, ab der Gürtellinie)
10. Erinnerungs-, Lebensbuchzentrum (Nacken)

Körperbild – Energieausgleich für Linkshänder!

Sandro, 25.7.1977
Gewandelte Zahl 5576977= 46/1<u>0</u>!

1.) Rechte Handinnenfläche zum Nacken 9
(die Seelenebene mit der
Geistebene verbinden)

Linke Handinnenfläche zur Fontanelle X
(den Kontakt zum höchsten
Bewusstsein aktivieren)

Linke Handinnenfläche an die Fußsohlen 7776
(den Geist mit der Materie verbinden)

Linke Handinnenfläche zum Rücken 9
(unerlöste Ängste erlösen)

Linke Handinnenfläche zum Hinterkopf
(dient der Gedankenhygiene)

2.) Rechte Handinnenfläche zum Kreuzbein 777
(sich auch für sich SELBST einsetzen)

Linke Handinnenfläche zur Stirn X
(die ganzheitliche Sichtweise aktivieren)

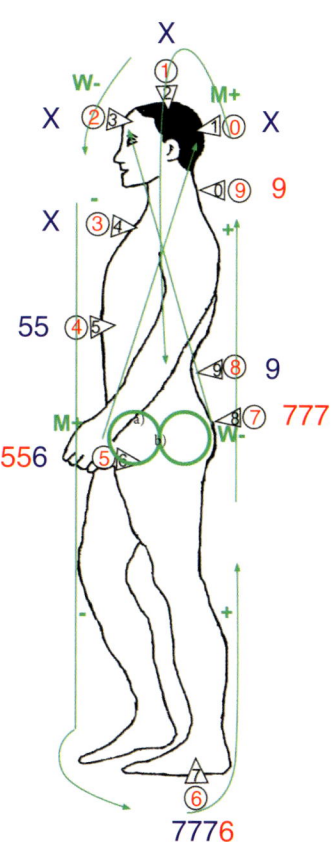

Linke Handinnenfläche zum Herzbereich X
(nach Hause kommen in die wahre, göttliche Liebe)

Linke Handinnenfläche zum Sonnengeflecht 55
(die Intuition aktivieren)

Das Milz- und Basiszentrum 556
(Entscheidungs- und Schöpfungskraft) reguliert sich in diesem Fall von SELBST, wenn die Hauptachse (Fontanelle und Sohlen) mit Energie versorgt sind.
Die zwei roten 55 erlösen dann die unerlöste 6 in sich.

Die Energiezentren
  1. Denkzentrum (Hinterkopf)
  2. Inspirationszentrum (Fontanelle)
  3. Visualisierung-, Vorstellungszentrum (Stirnmitte)
  4. Ausdruck-, Seelen-, Herzzentrum (Herzbereich, oberhalb des Brustbeins)
  5. Gefühls-, Wahrnehmungszentrum (Sonnengeflecht, oberhalb des Bauchnabels)
  6. a) Milz-, Entscheidungszentrum (Hara, unterhalb des Bauchnabels)
  6. b) Schöpfungs-, Erlebniszentrum (zwischen den Beinen)
  7. Fortschrittszentrum (Fußsohlen, eine nach der anderen)
  8. Antriebs-, Umsetzungszentrum (Kreuzbeingegend)
  9. Sicherheitszentrum, Urvertrauen (Rücken, ab der Gürtellinie)
  10. Erinnerungs-, Lebensbuchzentrum (Nacken)

18. ERFAHRUNGSBERICHTE VOM PENTAGRAMM UND KÖRPERBILD

Beispiel Ida: Aus ganz persönlicher Erfahrung erinnere ich mich, dass ich in Verwandtschafts- oder Freundeskreisen keine Schwierigkeiten mit der Kommunikation hatte, vermutlich bedingt durch die große Familie. Sobald ich jedoch öffentlich etwas sagen wollte, fühlte es sich an wie ein großer Kloß, der im Hals steckte und mich am Reden behinderte.

Es war undenkbar, dass ich mich in öffentlichen Versammlungen (zum Beispiel beim Lehrer-Elterntag, oder an einer Gemeindeversammlung, etc.) wörtlich gemeldet hätte.

Durch die unerlöste 4 im Herzbereich (Sprache, Ausdruck-Position 3 oder/und 4) konnte ich öffentlich Wesentliches nicht aussprechen.

Mein Exmann hingegen hat im Herzbereich und an der Stirn sehr viel Energie-Einfluss, er konnte jederzeit öffentliche Reden halten.

Erst als ich mit dem Energieausgleich an mir gearbeitet habe, ist mir das öffentliche Reden leichter und leichter gefallen.

Heute kann ich vor vielen Leuten jederzeit frei sprechen.

Als Kind hatte ich öfter Herzschmerzen und war deshalb mit meiner Mutter immer wieder beim Arzt, dieser konnte nichts Physisches feststellen und meinte, ich hätte einen nervösen Herzmuskel. Heute weiß ich, dass es der Energiekonflikt war. Ich habe im Herzbereich eine Blockade (4) und einen Energieeinfluss (9).

Die 55 im Sonnengeflecht bewirkten auch, dass ich mit vielen Menschen mitlitt. Mitleid erschafft doppeltes Leid. Ich konnte fühlen, wie es ihnen erging. So entwickelte sich auch der Wunsch in mir, dass ich therapeutisch Hilfe anbieten lerne, weil ich unbewusst selbst noch viel Leid in mir gespeichert hatte, das sich mir im Außen widerspiegelte.

Durch die unerlösten 55 im Sonnengeflecht hatte ich Angst vor Bewertung, ich wollte „gut" sein. Ich konnte kein „NEIN" dorthin anbringen, wo es nötig war. Daraus entstand, dass ich für einen Freund mit meiner Unterschrift viel Geld verlor. Vor dem Unterschreiben fühlte ich, dass ich mein Geld niemals zurück bekommen würde. Aber mein Verstand sagte mir: „Du kannst ihn nicht in den Konkurs rasseln lassen."

Er ging mit einer Anderen weg (dieser erging es später wie mir) und ich blieb mit den Schulden zurück. Ich habe viel daraus gelernt, vor allem, dass Narrenliebe nur Narren auf beiden Seiten erzeugt. Auch dieser „Sprachfehler" ist mittlerweile behoben.

Wie in meinem Körperbild ersichtlich, hatte ich in der Materienebene keine Energie, sondern Blockaden (statische 6 und 7) und ein Leerfeld (8).

Daraus entstand, dass ich einige Male einen völligen Neubeginn in der Materie hatte.

Mit dieser fehlenden Energie profitieren Andere mehr vom Erfolg als man (oder Frau) es selbst tut.

Der Energieausgleich entwickelt Stabilität und Erfolg, sodass auch in eigener Sache der Himmel auf die Erde gebracht werden kann und es somit innerlich und äußerlich wohl steht.

Wohlstand ist nicht unbedingt ein dickes Bankkonto, denn wir wissen, dass das von heute auf morgen nichts mehr wert sein kann.

Es ist die Gewissheit und das Urvertrauen, dass immer zur richtigen Zeit das vorhanden ist, was gerade benötigt wird, das kann alles Mögliche sein.

Z. B. Partnerschaft, Arbeitsmöglichkeit, leistbare (kommt von Leistung) Wohnung, die richtigen Begegnungen, die wesentlichen Impulse usw.

Viele Menschen tragen den Hochmut noch unbewusst mit sich und sind sich für manche Handlungen „zu gut".

Da heißt es manchmal: „Ich geh doch nicht putzen" oder ähnliches, dabei gibt es keine höhere oder niedrigere Handlung. Es erscheint manchen als eine niedrige Tätigkeit. Es ist nur der Verstand, der dieses „Markenzeichen" setzt.

So kommt es auch, dass manche Menschen für ihre Tätigkeiten einen unverhältnismäßigen Bonus erhalten.

Das einzig Nötige ist die Bereitschaft, dass festgefahrene Denk- und Verhaltensmuster verabschiedet werden, damit sich neue Möglichkeiten auftun können.

Wenn ich mir etwas leisten möchte, so frage ich mich:

Welche meiner Kräfte, Talente und Fähigkeiten setze ich dafür ein?

Mein Leitspruch dafür: „Von Nichts kommt Nichts."

Dies gilt auch für den Körperenergieausgleich. Das Wissen darüber bringt noch nichts. Erst im Tun kommt die Veränderung zum optimalen Erfolg.

Erfolg = Er folgt auf die Taten.

Beispiel „Maria": Meine Mutter war eine äußerst hilfsbereite und gütige Frau, mit einem großen Herz für ALLE (Energie im Herzbereich). Nur für sich selbst hatte sie keinen Zeitanspruch, was zur Folge hatte, dass sie mit 44 Jahren einen Gehirnschlag erlitt (der Energiestau im Kopfbereich).

Durch den doppelten Energieeinfluss an der Stirn hatte sie aber auch die Begabung der außersinnlichen Wahrnehmung. Sie hatte zum Beispiel Vorahnungen durch Träume, wie Begegnungen mit Verstorbenen.

Die beiden 6er Blockaden im Beckenbereich bewirkten auch Bevormundung von Außen, oder Obrigkeitstreue. Was der Vater, Arzt, oder Pfarrer sagten hatte oberste Priorität.

Die beiden 7 an den Füßen ließen sie den Weg des Verstandes (der Persönlichkeit, oder Rolle), sowie der Konfession oder Gesellschaftskonform gehen. Es jedem „recht" machen wollen, heißt, dass die innere Führung verdrängt wird.

Zum Beispiel: „Was sagen denn da die Leute, oder der Pfarrer …"

Beispiel „Anton": Durch die fünffache 1 hatte mein Vater einen überaus starken Willen (zur Erinnerung, 1= der Wille, die Führungskraft, etc.). Dieser half ihm sicherlich durch die schwierigen Zeiten seines Lebens hindurch. Die 4 hatte er als Berufung. Er war ein Mann der Tat. Was er anpackte, gelang ihm auch. Die 4 als Berufung und die fünffache 1 ergibt die 9 an der Spitze vom Pentagramm. Daraus folgte weises, inspiriertes Handeln.

Am Körper hatte er fünffachen Energieeinfluss am Sonnengeflecht. Er war ein sehr intuitiver Mann und konnte uns Kindern seine Weisheiten „aus dem Bauch" heraus vermitteln. Er spürte, was gut und stimmig ist.

Durch die vielen Energien im Bauchbereich und gleich darauf die vielen Blockaden im vorderen Beckenbereich machte ihm der Energiestau schon sehr früh zu schaffen.

Bei Kriegsende wurde ihm als 29-jähriger kurz hintereinander bei zwei Operationen zwei Drittel seines Magens entnommen.

Mit 72 Jahren ist er an Krebs, der sich im Bauchbereich ausgebreitet hatte, verstorben.

Beispiel „Sandro": Sandro hat als Lebensaufgabe die 2. Er ist ein genialer, sehr erfolgreicher Computerprogrammierer und unterrichtet auch in Seminaren. Im Körperbild ist ersichtlich, dass er dreifachen Energieeinfluss am Gesäß hat (im Umsetzungszentrum) dadurch kann er auch sehr viel Erfolg ernten. Die rote 9 im Nacken (Erinnerungszentrum) gibt ihm weise Einsicht. So kann er jetzt sehr viel Gutes und Zeitgemäßes in die Materie bringen.

Diese 4 Beispiele sind vorne im Buch ersichtlich.
  Es gibt jedoch noch viele weitere Erfahrungsberichte von Kursteilnehmer(innen) und Menschen, die in Einzelberatung bei mir waren.
  Viele hatten durch Energiemangel im Rückenbereich Bandscheibenprobleme. Der Energieausgleich trägt bei allen bei, dass sie sich wohler fühlen, die Schmerzen der Vergangenheit angehören und das Leben wieder freudvoll erlebt wird.

Katharina, eine Frau, hat am 11. 11. 1966 das Licht der Welt erblickt. Die Quersumme des Geburtsdatums ergibt die 8. Sie steht für Achtsamkeit, innere und äußere Gesundheit und Ordnung.
  Sie kam in die Praxis, weil sie an extremen Migräneanfällen litt. Die siebenfache Blockade im Becken und ebenso große Energieeinfluss am Hinterkopf verursachten dieses Anfälle.
  Einige Tage nachdem ich ihr das Energiebild erklärt hatte, erhielt ich ihren Anruf. Dabei erzählte sie mir ganz begeistert, dass sie zum ersten Mal ihre Periode hatte. Sie fühlte sich erst jetzt als richtige Frau, erwähnte sie. Davor kannte sie ihren Zyklus (Eisprung) nicht, obwohl sie schon drei gesunde Kinder geboren hatte. Ein halbes Jahr später berichtete sie mir, dass sie seit unserer Begegnung nie mehr wieder an Migräne litt.
  Sie macht ihren Energieausgleich 2 Mal täglich (morgens und abends).

Silvia, geboren am 16. 11. 1965, kam eines Tages wegen einer Rückführung in die Praxis und erzählte mir von ihren Erlebnissen. Sie hatte sich eine Woche davor bei einem Arzt einen Rückführungstermin geben lassen, weil sie wissen wollte, weshalb sie immer wieder von Männern auf übelste Weise benützt wurde (dies begann mit frühkindlichem Missbrauch).

Dieser Arzt begleitet mit der Hypnosetechnik in die Rückschau, die auch teilweise bis zur Tiefenhypnose reicht, sodass die Person „im Tiefschlaf" ist und nichts mehr von der eigenen Körperlichkeit und Umgebung wahrnimmt.

Silvia erhält Energien am Hinterkopf und fünffach an der Fontanelle (Inspiration). Am Tag des Termins hatte sie beim Erwachen den Impuls: „Behalte heute die Kontrolle über dich!"

Als der Arzt sie mit der Hypnosetechnik in die Entspannung begleitete, bekam er den 5-fachen Impuls, den ihr Körper am Unterleib (energetisch) ausstrahlte:

„Nimm mich, benutze mich, ich bin zum haben …" (sinngemäß)

Er sah, dass ihre geschlossenen Lieder die REM-Phase (Rapid Eye Movement) anzeigten und glaubte, dass sie in der Tiefenhypnose sei. Silvia wiederholte jedoch in Gedanken fortwährend: „Ich bin und bleibe wach." Obwohl sie dabei sehr entspannt war, registrierte sie, dass der Arzt neben ihr an seinem Gürtel hantierte.

Sie hatte ein mulmiges Gefühl und öffnete schließlich ihre Augen. Da bemerkte sie mit Entsetzen, dass sich der Arzt gerade entkleidete. Er wollte sie missbrauchen und wäre sie in Tiefenhypnose gewesen, hätte sie danach nichts davon gewusst.

Nach dieser Schilderung erklärte ich ausführlich ihr Energiebild und dann verstand sie auch, weshalb ihr bisher ähnliche Erlebnisse widerfahren sind. Sie meinte einführend in unserem Gespräch:

„Ich glaube manchmal, dass an meiner Stirn geschrieben steht:

‚Bin zu haben!'" Jetzt wusste sie auch, dass dies nicht an ihrer Stirn steht, sondern über ihr unerlöstes Becken ausgestrahlt wird. Der Arzt hatte mit Sicherheit vorher diese Aktion keinesfalls geplant, der Impuls entstand erst im Augenblick. Opfer zieht Täter an, so lange, bis das Leid, leid genug ist.

In der Rückführung kam dann erwartungsgemäß auch die unerlöste Männerrolle zum Vorschein. Als Mediziner misshandelte er viele Kinder und Frauen für Forschungszwecke im 2. Weltkrieg.

Silvia erlöste diese Rolle in sich und so konnte die darin innewohnende Seelenkraft wieder innerlich auferstehen und in die Einheit der Stammseele gebracht werden. Ebenso wurden im Anschluss auch die damaligen „Mitspielerinnen", aus den Rollen erlöst. Bei der Frage: „Wer seid ihr heute?", erkannte sie die Täter in diesem Leben als die damaligen Opfer.

Heute geht es Silvia gut. Sie genießt mittlerweile eine sehr liebevolle Partnerschaft, ist Mutter von drei gesunden Kindern und bietet am Sektor „Bewusstwerdung" Hilfe und Erfahrung in der Jugendarbeit an.

Hier nun ein Bericht, der mir von einer lieben Verwandten für das Buch gesandt wurde:

Wie durch den Energieausgleich Wunder in mein Leben kamen

Vor nicht ganz zwei Jahren ließ ich mir von meiner lieben Verwandten und Mentorin Ida den Energieausgleich berechnen. Ich war sofort von dieser Methode begeistert und begann auch gleich, mit dem täglichen Energieausgleich.

Die Ergebnisse ließen nicht lange auf sich warten. Bereits ein paar Monate später durfte ich mir einen großen, langjährigen Traum erfüllen.

Ich war damals in meiner beruflichen Situation nicht mehr glücklich und mein Körper zeigte mir dies durch wiederkehrende Krankheiten. So kam es, das ich nach einer Woche Krankenstand Sonntagabends das Gefühl hatte, ich kann dort (in meine Arbeit) nicht mehr hin gehen. Ich überlegte, was mir helfen könnte. Plötzlich hatte ich eine „Blitz-Idee": „Ein Sommer in Griechenland". Bereits bei meiner ersten Griechenlandreise, Jahre davor, fühlte ich mich dort sehr wohl. Damals hatte ich den Gedanken, wie schön es doch wäre, könnte ich einen Sommer in diesem Land verbringen.

Ich überlegte mir, wie ich meinen Traum finanzieren könnte. Ich hatte die Idee, dass ich als Au-pair für eine Familie arbeiten könnte. Jahre davor hatte ich bereits als Au-pair für eine Familie in Frankreich gearbeitet und wusste, dass ich die Arbeits- und Wohnsituation schon von zuhause aus organisieren konnte.

Ich begann meine Suche im Internet und bereits bei der zweiten Familie, die ich mir auf einer Internetplattform für Au-pair anschaute, lachte mir ein süßer kleiner Junge entgegen. Ich war von seinem Anblick sehr berührt und dachte mir, das gibt es doch gar nicht, dass da so einfach wer zu finden ist. :-)

Natürlich waren anfangs Zweifel da, ob ich nicht zu alt wäre als „Au-pair-Mädchen" (denn immerhin war ich da bereits 32) und ich dachte auch, die Familie hätte bestimmt schon jemanden für die Sommersaison. Die Familie suchte jemanden ab Mai und ich nahm erst Anfang April, denn da war meine Idee erst geboren, Kontakt mit ihnen auf. Die Familie hatte noch niemanden und das erste E-Mail der Familie begann mit einem: „Dich schickt der Himmel", was für mich die Weichen stellte. Wie sich später herausstellen sollte, barg diese Entscheidung für mich noch viele weitere Vorteile. Ich hatte eine eigene Wohnung, was für Au-pair-Mädchen nicht selbstverständlich ist, und die Familie war eine deutsch-griechische Familie (Mutter deutsch, Vater griechisch). Der kleine Junge der Familie wuchs zweisprachig heran, sodass es auch kein Problem war, dass ich zu dem Zeitpunkt nur ein paar Wörter griechisch sprach.

Durch den positiven Kontakt zur Familie schien meine Idee Formen anzunehmen. Allerdings galt es hier vor Ort einiges zu klären und zu lösen.

Ich besprach die Idee mit meinem Dienstgeber und konnte ihn anfangs von der Idee überzeugen, mir für die Zeit unbezahlten Urlaub zu gewähren. Nach kurzer Zeit stellte sich aber heraus, dass dies rechtlich nicht möglich war, denn ich war in einem befristeten Dienstvertrag und so gab er mir zwei Optionen: entweder ich bleibe oder ich kündige. Nach sehr kurzem Überlegen entschloss ich mich für zweiteres. Und ich konnte es trotz der kurzen Zeitspanne, in der sich dies alles ereignete, so organisieren, dass ich im guten Einvernehmen von der Firma gehen konnte.

Meine Wohnsituation musste auch geklärt werden. Ich mietete damals eine Wohnung und hatte nur ein paar Tage vor dem Entstehen meiner Idee meinen Mietvertag für weitere 3 Jahre verlängert. Als die Idee konkreter wurde, rief ich meine Vermieterin an, erzählte ihr von meiner Griechenlandidee und hoffte darauf, dass wir uns irgendwie einigen könnten. Sie antwortete ganz spontan: „Natürlich machen Sie das!" und bestärkte mich noch mehr in meinem Vorhaben. Sie verlangte von mir nicht einmal, dass ich einen Nachmieter suchte. Mir war dies allerdings wichtig, denn einerseits war unser Verhältnis all die Jahre sehr gut und sie kam mir immer sehr entgegen. Andererseits wollte ich jemanden finden, der mir meine Möbel ablöst. Auch dies ließ sich klären, ich fand einen jungen Mann, der mir genau das für meine Möbel bezahlte, was ich mir vorstellte. Somit musste ich in der kurzen Zeitspanne, die mir noch bis zur Abreise nach Griechenland blieb, die Möbel nicht mehr übersiedeln und konnte mir noch einen kleinen zusätzlichen finanziellen Polster für Griechenland schaffen.

Insgesamt hatte ich in dieser 6-wöchigen Planungsphase, von der Idee, dass ich nach Griechenland gehe, bis zur Abreise das Gefühl, dass ich in einem wunderbaren Fluss getragen bin.

Mein Aufenthalt in Griechenland war wunderschön, mein Appartement lag in direkter Nähe zum Meer und ich lernte viele wundervolle, interessante Menschen kennen und durfte mich durch diese Erfahrung gut weiter entwickeln.

Ich kam nach 5 Monaten im Paradies wieder nach Hause und es dauerte nicht lange, bis ich wieder eine Stelle in meinem Beruf fand.

Gleichzeitig war ich mit der Familie in Griechenland so verblieben, dass ich durchaus noch einen Sommer mit ihnen verbringe.

Das ließ sich auch mit der neuen Arbeitsstelle gut klären und die Wohnung war dieses Mal leicht gelöst, da ich vorübergehend wieder zur Mutter gezogen bin. So folgte ein zweiter wunderbarer Sommer mit vielen schönen Begegnungen, die mich sehr reich an Erfahrungen machten.

Nach 6 Monaten wieder in der Heimat hatte ich gleich bei der ersten Arbeitsstelle (ein ehemaliger Dienstgeber) eine Jobzusage.

Ich begab mich auf Wohnungssuche und dachte: „Ich kontaktiere meine ehemalige Vermieterin und teile ihr mit, dass ich wieder auf Wohnungssuche bin." Diese erzählte mir, dass mein Nachmieter ausziehen wird und fragte mich, ob ich nicht wieder bei ihr einziehen möchte.

An diesem Punkt stehe ich jetzt. Fast zwei Jahre, nachdem ich mit dem Energieausgleich begann und eine große Anzahl von wunderbaren Begebenheiten später, die man aus einem Menschenverstand heraus alleine niemals so planen und realisieren hätte können. :-)

Herzlichen Dank, meine Liebe, für die wunderbare Schilderung!

Ähnliche Erfahrungen kenne ich aus meinem eigenen Leben und aus vielen Beobachtungen von Menschen, die ihre Energien im Schwung halten.

Wunder können nur dann entstehen, wenn wir den Hebel auf Empfang stellen und in Resonanz damit sind.

Somit lohnt es sich, dass jeder sich selbst eine viertel Stunde am Tag mit einplant und Gutes für sich tut.

19. ZAHLENINTERPRETATION FÜR DAS KÖRPERBILD

Benützen wir das Körperbild als Hinweis zur Lebensaufgabe, dann können wir auch die Kurzbedeutung nachstehender Positionen zur Interpretation verwenden:

1. Denkzentrum

Der persönliche Wille, Analytik, Logik, Wissensbildung, Intellekt, Verstandesorientiert, Initiative, Unterscheidungsvermögen.

Blockiert oder energielos: Dualität, Trennung, Teilung, Zweifel, Bewertung, Realist, ausschließlich Verstandesorientiert, glaubt nur, was ersichtlich und anfassbar ist.

2. Inspirationszentrum

Der göttliche Wille (Inspiration), Verbindung zur Quelle, Bewusstsein, Medialität, Bewusstwerdung.

Blockiert oder energielos: Starrsinn, Verschlossenheit.

3. Visualisierungszentrum

Umsicht, Weitblick, Durchblick, Gemeinschaft, Kommunikation.

Blockiert oder energielos: Engstirnigkeit, Kurzsichtigkeit (sieht nicht zusammenhängend).

4. Ausdruckszentrum (Arme sind Verlängerung des Herzens)

Herzenssprache, Taten, Herzensbildung, Helfen und Heilen, Kunst, Handeln, Verwirklichung, Verkörperung, Entfaltung.

Blockiert oder energielos: Begrenzung, Karma, Lieblosigkeit (sich SELBST oder anderen gegenüber), Einsamkeit, unerlöster Herzschmerz.

5. Gefühlszentrum

Intuition, Religio(n), Lachen, Freude, Spontaneität, Würde, alle positiven Gefühle, Glauben, Überzeugung, Einfühlsamkeit, Telepathie.

Blockiert oder energielos: Introvertiertheit, alle negativen Gefühle, Aggression oder Depression, unerlöste Kränkungen oder Schuldgefühle, Bewertung, unerlöste Süchte, mangelnder Selbstwert.

6. a) Milz-, Entscheidungszentrum

Weise Entscheidung, Autorität, Macht, Charisma.

Blockiert oder energielos: Ohnmacht, Unterdrückung, Bevormundung, Psychoterror oder physischer Terror, Geldprobleme, jegliche Süchte, Entscheidungsschwäche.

6. b) Erlebnis-, Schöpfungszentrum

Forschen, Entdecken, Vereinigung, Trieb, Leistung, Instinkt, Zeugung, Lust.

Blockiert oder energielos: Unterdrückung, Terror, Missbrauch.

7. Fortschrittszentrum

Überwinden, Fortschritt, Bodenständigkeit, Erdverbundenheit, Naturverbundenheit, Standhaftigkeit, Rhythmik, Rutenfähigkeit (als Geomant).

Blockiert oder energielos: Stillstand, Sturheit, Starrheit, Standpunkt.

8. Antriebs-, Umsetzungszentrum

Dynamik, Gestaltung, Formgebung, Lebenskraft, Umsetzung, Speicher, ausscheiden, loslassen (auch negative Vergangenheit), Ausdauer, Gleichgewicht.

Blockiert oder energielos: Antriebslosigkeit, Lethargie, Tradition, Nostalgie, aktiv für alle im Außen und vergisst dabei das Wesentliche (sich Selbst!).

9. Sicherheitszentrum
Urvertrauen, Sicherheit, Geborgenheit, Rückhalt, Stärke, Mut, Flexibilität, Beweglichkeit, Charisma, Selbstbewusstsein.
Blockiert oder energielos: Steifheit, Introvertiertheit, Enge, Angst, Schock, Aberglaube, Illusion, Mobbinggefahr, Existenzangst, Panikattacken, Phobien.

10. Erinnerungszentrum (Akasha Chronik = Lebensbuch)
Sammeln, Konzentration, Einsicht, Aufnehmen, Erinnerungsspeicher, Programme.
Blockiert oder energielos: Sturheit, Starrheit, Steifheit, Egozentrik, nachtragend, hysterisch, dramatisch.

20. POSITIVE GEDANKEN, GEBETE ODER AFFIRMATIONEN ALS UNTERSTÜTZUNG ZUM ENERGIEAUSGLEICH

Es ist empfehlenswert, dass begleitend zum manuellen Energieausgleich auch gesunde Gedanken für die entsprechenden Positionen kombiniert werden. Dies dient zur Gedankenhygiene.

Wenn Energie abgeholt wird (rote Zahl) einen Satz aussuchen (ihn denken, sich vorstellen und fühlen).

Danach an jener Position, die mit Energie genährt wird, ebenso mit einer heilen Affirmation begleiten.

1 Denkzentrum – Hinterkopf
Ich bin die Summe meiner Gedanken.
Was ich denke, hole ich ab.
Meine Gedanken sind Kräfte.
Ich erzeuge mit meinen Gedanken das Drehbuch meines Lebens.

2 Inspirationszentrum – Mittelscheitel, Fontanelle
Ich bitte um (höchste oder göttliche) Führung.
Ich verbinde mich mit der inneren Weisheit und bringe den heilen Geist in die Materie.
Ich bitte Gott-Vater-Mutter-Selbst um ihre weise Führung.

3 Visualisierungszentrum – Stirne oberhalb der Nase
Ich sehe und höre mein Leben in Freude.
Ganzheitlich erkenne ich mein Leben in Liebe.
Liebevoll sehe ich mein Leben.
Ich betrachte mein Leben aus den Augen und Ohren der Liebe.

4 **Ausdrucks-, Herz- oder Seelenzentrum – Zwischen den Lungenflügeln, oberhalb des Brustbeins**
Ich bin Liebe. Ich handle liebevoll.
Ich öffne mein Herz für mich selbst.
Gottvater, die göttliche Mutter und ich bin EINS.

5 **Wahrnehmungs- oder Intuitionszentrum – Sonnengeflecht, Solar Plexus, oberhalb des Nabels**
Ich entlasse mich und alle Beteiligten im Spiel des Lebens aus jeglicher Rolle.
Ich bin frei und gestatte jedem die Freiheit.
Ich bin die Sonne in meinem Leben.
Ich bin das Licht in meiner Welt.

6a **Entscheidungs- oder Milzzentrum – Hara, unterhalb des Nabels**
Ich bin die Macht und Autorität in meinem Leben.
Ich entscheide meisterhaft. Ich treffe weise Entscheidungen.
Ich bin der Meister in meinem Leben, ich entscheide.
Ich entscheide in der Einheit mit Gott-Vater-Mutter-Selbst in mir.

6b **Basis-, Wurzel- oder Sakralzentrum – zwischen den Beinen**
Ich nehme freudvoll meine Heil-, Schöpfungs-, Kundalini- oder Sexualkraft an.

7 **Fortschrittszentrum – Fußinnenfläche (eine nach der anderen)**
Ich danke für die Führung und gehe den Weg der LIEBE (oder der Gesundheit, des Erfolgs, der Erfüllung, Freude usw., was gerade im Leben fehlt).
Ich gehe in der Leichtigkeit des SEINS.

8 **Umsetzungs- oder Antriebszentrum – Gesäß, Kreuzbeinbereich**
   Ich meistere mein Leben.
   Ich bringe meine Ideen erfolgreich in die Materie.
   Ich tue, was meinem Leben Gesundheit, Harmonie und Ordnung verschafft.

9 **Sicherheitszentrum Urvertrauen – Rückenbereich, ab der Gürtellinie aufwärts.**
   Ich bin sicher und geborgen in mir SELBST.
   Ich bin sicher!
   Ich bin im Urvertrauen.
   Ich bin innerlich und äußerlich vollkommen geschützt.

10 **Erinnerungs- oder Lebensbuchzentrum – Nackenbereich**
   Ich habe weise Einsicht.
   Ich bin weise einsichtig.
   Ganzheitlich erkenne ich mich SELBST.

21. LICHTMEDITATION

Erlaube nun Deinem Körper, dass er sich fallen lässt, tragen lässt von der Unterlage, auf der er liegt. Richte jetzt Deine Aufmerksamkeit auf deinen Atem und bereichere diesen mit der Gedankenkraft von Harmonie und Frieden, Ruhe und Gelassenheit.

Beim Ausatmen entlässt Du alle Hektik und den Stress des Alltages.

Damit sich Dein Körper noch viel mehr entspannt fühlt, erbitte jetzt aus dem Urquell des Lichts, dessen Teil Du bist, zwei breite, weißgoldene Lichtstrahlen, welche die Füße einhüllen.

Erlaube, dass Deine Zehen sich für diese Lichtkraft öffnen und bitte dieses Licht, dass es wie eine weiße, milchige Energie, die golden strahlt, Deine Füße durchdringt, auch Deine Fußsohlen, die Fersen und bis hinauf in die Knöchel fließt, welche für die Leichtigkeit des Seins stehen.

Mach Dir bewusst, dass dieses Licht all jene Schatten der Vergangenheit auflöst, welche im Spiel der Schattenerfahrung von Deinem Verstandesdenken unbewusst erzeugt wurden.

Verabschiede diese Schatten dankbar, auch dafür, weil sie wichtige Erfahrungen am Weg nach Hause zum Selbst waren. Durch diese eigenen Erlebnisse kannst Du andere verstehen und ihnen aus ihrem Standpunkt-Verhalten liebevoll heraus helfen, damit auch sie heimkommen in sich Selbst.

Jetzt erlaube, dass diese Lichtkraft weiterfließt über Deine Schienbeine und Waden, hinein in die Knie, welche die Weichen des Lebens sind, aber auch die Verbindung von Oben und Unten, Außen und Innen. Beuge nun gedanklich Deine Knie voller Wertschätzung und Achtung nach innen, zum Gott Vater-, Mutter Selbst in Dir. Wenn es für Dich stimmt, dann kannst Du jetzt das Potenzial Deines freien Willens, das Dir für das Spiel der Schattenerfahrung zur Verfügung stand, mit dem

Selbst-Willen, vereinen. Mit dem Willen von Gott-Vater-Mutter-Selbst fusionieren und der aufrichtigen Bitte um Führung. Im Wissen, nicht ich, eure Tochter oder euer Sohn, kenne den heilen Weg. Ich bin in das Spiel des Vergessens und der Schattenerfahrung gegangen, ihr aber wisst ihn, ihr haltet ihn für mich aufrecht. – Ich bitte euch – führt mich!

So danke für die Führung und achte von nun an auf Deinen ersten Gedanken, der Inspiration, als die Stimme des göttlichen Vaters und auf Dein erstes Gefühl, der Intuition, als die Stimme der göttlichen Mutter.

Mit diesen wieder geeint, erlaube, dass das weißgoldene Licht des göttlichen Vaters reinigend, erlösend, transformierend und befreiend weiterfließt.

Auch die Oberschenkel durchdringt, sie ebenso durchflutet, erleuchtet, sie reinigt. So danke Deinen Beinen und Füßen, dass sie Dich vorwärts schreiten lassen und Dich aufrecht tragen, dir somit auch die Aufrichtigkeit ermöglichen.

Erlaube ihnen nun für die Zeit der Entspannung, dass auch sie sich fallen und tragen lassen, von der Unterlage, die sie trägt und während dies geschieht, richte nun Deine Aufmerksamkeit auf dein Becken.

Erlaube, dass das Licht des göttlichen Vaters, als zwei breite Lichtfontänen über die Oberschenkel hereinfließt in das Becken und den gesamten Beckenraum durchflutet, so auch diesen erleuchtet, reinigt und von aller Last und Schwere befreit, die hier ihren Sitz und Raum hatten. Verabschiede diese Last dankbar und bitte das göttliche Licht des Vaters, dass es Deine in hier innewohnende Heil- und Schöpfungskraft, nun aus dem Bann befreit und um vielfaches stärkt.

Sodass sich diese Kraft grün strahlend ausdehnt, auch hinab über die Beine in die Füße fließt und diese nunmehr den Weg des Heiles, des Erfolges und der Erfüllung beschreiten. Jene grüne Schwingung, die als die erschaffende Kraft seit deiner Pubertät die Gedanken und derer Bilder befruchtet und diese beeindruckt mit Deinen Gefühlen und Glaubensmustern in der Materie erscheinen lässt. Erlaube also, dass sich diese Deine erschaffende, aber auch heilende Sexualkraft, vereint mit dem Licht des göttlichen Vaters, nun auch mit der Urkraft der Mutter Erde verbindet. Stell Dir hierfür mit Hilfe Deiner Gedanken und Vorstellungskraft, welche auch als die Werkstatt Gottes bezeichnet wird, drei Lichtsäulen vor. Die einerseits am Ende der Wirbelsäule und andererseits an Deinen Fußsohlen durch alle Schichten dieser Erde wachsen.

Bis hinein in das Zentrum der Mutter Erde – zum weinrotsilbern, pulsierenden Urquell dem Rubin der Erde genannt.

Sende Mutter Erde diese heilenden und erlösenden Kräfte, als Dank dafür, dass sie Dich durch alle Inkarnationen getragen und genährt hat und Dir die Bühne des Lebens ermöglichte, die verschiedensten Körper als Kostüme verlieh, in denen Du die Vielfalt der Schattenerfahrung erleben durftest. So bist Du jetzt ein Bindeglied von Kosmos und Erde, von Vater und Mutter. Durch Dich fusionierst Du die weißgoldene Kraft des kosmischen Vaters mit der weinrotsilbernen Kraft der Mutter Erde. Diese beiden Kräfte schmelzen ineinander – daraus entsteht die rosasilbergoldene Lichtkraft der wahrhaftigen Herzensliebe und Herzensfreude von Gott-Vater-Mutter-Selbst. Diese entspricht auch der Schwingung Deines Seelenlichts.

Mit dem grünen Band der Heilung vermählst Du, als das Kind, die Tochter oder der Sohn, das Licht des Vaters und der Mutter, wirkst vereinigend, verbindend.

So erlaube nun, dass im liebevollen Austausch, wie oben, so unten, wie außen, so innen – diese weinrotsilberne Kraft der Mutter Erde, über Deine geschaffenen Verbindungssäulen hereinfließt und sich in Deinem Körper mit der kosmischen Kraft des göttlichen Vaters und Deiner innewohnenden Heil-, Schöpfungs- und Sexualkraft vereint.

Diese Dreieinigkeit wirkt in jedem Zellprogramm bis tief ins Knochenmark hinein, als die liebevolle, wärmende, nährende und sich manifestierende Kraft der Mutter Erde. Die erlösende, befreiende und wandelnde Kraft des göttlichen Vaters und als Deine heilende und erschaffende Kraft, die in Dir innewohnt. Erlaube nun, dass diese drei Kräfte vereint, weißgolden, weinrotsilbern und grünschwingend weiter fließen. Wirbel für Wirbel nach oben fließen, diese durchdringen und in ihnen die völlige Sicherheit und Geborgenheit manifestieren. Das Wissen: Ich bin geschützt, geführt, getragen und geborgen, in der Liebe von Gott-Vater-Mutter-Selbst. So weiß ich, dass von nun an nur mehr das Allerbeste für mich geschieht und dafür bin ich dankbar!

Stell Dir nun vor, dass diese drei Kräfte sich über die Wirbelsäule hinaus ausdehnen und hineinfließen in alle Organe, diese durchdringen und erfüllen und von all dem Unverdauten der Vergangenheit befreien. Entlasse hier alle Schuldgefühle und Beschuldigungen und erkenne: Ich bin frei und gib jedem die Freiheit!

Diese reinigenden, erlösenden, liebevoll nährenden und heilenden Schwingungen fließen nun weiter. Durchdringen Deinen Oberkörper, so dass sich Deine Schulterblätter und Lungenflügel ganz weit ausdehnen. – So wie ein Schmetterling, der sich im Licht und in der Wärme der Sonne aus seinem Kokon befreit und sich entfaltet und als das entsteht, wofür er gemeint ist:

Ein freudvoller Ausdruck von Gott-Vater-Mutter-Selbst!

Jetzt stell Dir vor, dass diese wunderbaren Kräfte auch alle Begrenzungen, die durch das personelle Sein, als scheinbare Schutzmechanismen um das Seelen-, Herzzentrum aufgebaut wurden (aus Angst vor Verletzung oder Kränkung), dahinschmelzen lassen, so dass sich die Türen zum Tempel Deines Herzens nun ganz weit öffnen. Du also eintrittst, in Deine lichte Innenwelt, nach Hause kommst, zum Gott-Vater-Mutter-Selbst in Dir, die hier immer schon waren. Die Dich immer schon bedingungslos liebend, durch alle von Dir in Person gewählten Schattenerfahrungen begleitet haben.

Hier erkennst Du: Der Vater, die Mutter und ich BIN wieder eins! Ich bin nach Hause gekehrt in mich Selbst. In die innere Dreieinigkeit.

Jetzt erlaube, dass die Seelenkraft sich mit den drei Kräften vereint und diese gemeinsam nun auch Deine Schultern durchdringen und erfüllen, auch hier alle Last und Schwere der Vergangenheit, die sie getragen haben mögen, sich auflösen.

Stell Dir vor, dass diese Kräfte nun hinab fließen, über Deine Oberarme, hinein in die Ellenbogen, sodass diese sich für Wesentliches einsetzen und weiter in die Unterarme und Hände fließen, welche auch als die Werkzeuge Deiner Seele gelten. Danke nun auch Deinen Armen und Händen, dass sie so handlungsfähig sind und erlaube ihnen, dass sie sich jetzt vollkommen locker und gelöst fallen lassen, sich tragen lassen, von der Unterlage, die sie trägt.

Während jetzt Deine grobstofflichen Hände ruhen, bitte die göttlichen Stamm- und Ureltern, dass sie von nun an alle Deine Handlungen segnen, sodass sie für Dich und die Deinen zum Segen sind. Wisse, dass die feinstofflichen Lichthände Dich jetzt ganz liebevoll umarmen, als Deine göttliche Mutter und Dein göttlicher Vater, Deine Stamm- und Ureltern.

Während Du jetzt gewiegt, geliebt, getragen und geborgen bist, erlaube, dass diese Lichtkräfte weiter fließen, hinein in Deinen Nacken. Ihn durchdringen und erfüllen, sodass Dir hier die weise Einsicht in Dein Lebensbuch gewährt ist.

Dann weiter in Deinen Hinterkopf fließen und auch hier Deine linke und rechte Gehirnhälfte mit dem Stammhirn vereinen, in dem alle Programme der Bewusstheit implantiert sind.

Erlaube, dass diese nun wieder vollkommen lebendig sind und bitte darum, dass auch alle unbewussten Gedanken, die der Verstand erschaffen hat, vervollkommnet sind, als die Programme der Bewusstheit und der Einheit mit allem Sein.

Im Wissen, es existiert nichts außerhalb von mir, wessen Teil ich nicht auch wäre. Denn alles ist mit allem verbunden, ich bin eins mit dem Licht des Kosmos und der Erde und dadurch spiegeln mir all jene, die ich noch verurteile, die unerlösten Rollen der Vergangenheit wider. So auch all jene, die ich bewundere, Sie spiegeln die Talente und Fähigkeiten, welche auch in mir schlummern, wieder.

Im Wissen der Einheit mit allem Sein, verbinde Dich jetzt wieder über Deine Fontanelle mit allen Brüdern und Schwestern im Licht und erlaube, dass durch Dich die Kraft der Mutter Erde, Deine eigene Sexual-, Heil- und Schöpfungskraft sowie Dein Seelenlicht wieder direkt verbunden sind mit dem Urquell allen Seins.

So ist durch Dich der Himmel mit der Erde und die Erde wieder mit dem Himmel geeint.

Bitte jetzt alle Engel und die aufgestiegenen Meister- und Meisterinnen, welche die grobstoffliche Erfahrung meisterhaft beendet haben, dass sie und all jene, die nicht dieses mutige Experiment der Unbewusstheit gewählt haben, hier und heute, zum höchsten Wohle mit ihren Lichtkräften und ihrer Weisheit unterstützen. Sie müssen den freien Willen eines jeden wahren und drängen sich niemals ungebeten auf.

Dankbar vereint mit allen Brüdern und Schwestern im Licht erlaube nun, dass diese Kräfte Deine Stirne durchdringen und Dein übergeordnetes drittes Auge lichterfüllen und durchdringen. Auch Deine beiden physischen Augen und Ohren, wie auch die mentalen-, emotionalen-, energie- und astralen Augen und Ohren. Sodass Du ganzheitlich hörst und siehst, Dein Geburtsrecht wieder in Anspruch nimmst.

Stell Dir nun vor, wie diese Kräfte auch Deine Nase erfüllen und sie durchdringen, als den Sitz des Instinkts, sodass Du instinktiv spürst, was gut und stimmig ist, Du Deiner Persönlichkeit eine Nasenlänge voraus bist, den besseren Riecher hast.

Jetzt bitte diese lichten Kräfte auch in Deine Wangen, sie sind der Ausdruck Deiner Gefühle, so schenke Dir und Deiner Welt ein liebevolles Lächeln, ein „Ja" zum Leben ein „Ja" zum entdecken Deines allumfassenden Seins ein „Ja" zur All-eins-Liebe.

Zum Schluss erlaube nun, dass diese Kräfte Deine Lippen, die Deine Worte formulieren, Zähne, die Deine Nahrung zerkleinern, Deine Zunge, die Deine Worte und Nahrung transportiert, sowie den gesamten Kiefer, Hals- und Rachenraum, erfüllen und durchdringen. Damit Dein heiler Geist mit der wahrhaftigen Liebe der Seele und dem wahrhaftigen Gefühl des Körpers wieder geeint sind.

Damit alle Worte, die nunmehr über diese Deine Lippen fließen als Worte der Weisheit, Wahrheit und Wirklichkeit entstehen. Worte eben, die dem Licht des Herzen entstammen. Entlasse jetzt alle Wortschwingungen der Vergangenheit, die Du im unbewussten, noch schlafenden, personellen Sein kreiert und erschaffen hast. Schicke sie im Kollektiv wie eine dunkle Energiewolke nach Hause in den Lichtquell der All-eins-Liebe zur Wandlung und bedanke Dich bei den lichten Kräften für ihre liebevolle Unterstützung, damit diese Kräfte für Dich und alle Beteiligten gelöscht und erlöst sind.

Nun fühle behutsam hinein in Deinen Körper, lass Dir Zeit.

Gehe ihn innerlich mit Deinem heilen Geist wie ein Nachtwächter, oder eine Nachtwächterin gedanklich ab und frage ihn liebevoll über Deine Seelen-Geistebene:

„Du mein geliebter Körper, Du Gott-Göttin, die mich tragen, gibt es jetzt eine Energie, eine Schwingung, die nicht ausschließlich mit Licht erfüllt ist?"

Wenn Du irgendwo Schatten oder Schmerz spüren solltest, so umarme diese Stelle in der Einheit mit Gottvater-Mutter Selbst ganz liebevoll mit Deinen lichten Händen und lass aus dem Licht Deines Herzens die Heil- und Liebeskraft in diese Stelle fließen. Bring sie damit wieder aus der Trennung nach Hause, in den Quell der Liebe, in die Alleinheit des Seins.

Wie das verlorene Kind, das nach Hause gefunden hat zum Gott-Vater-Mutter-Selbst.

So lass Dir Zeit dafür und wann immer Du dann bereit bist, erlaube, dass Du Deinen Körper wieder behutsam, wie nach einem gesunden Schlaf bewegst. Ihn reckst und streckst, sodass die Muskeltätigkeit wieder in Anspruch genommen wird. Öffne dann auch wieder Deine äußeren physischen Augen und komme herein in das Tagesbewusstsein. Als das nun erwachte, bewusste Lichtwesen. Fühle Dich wieder als das, was Du wirklich bist.

Der noch schlafende Gott ist erwacht. Ein Kind Gottes, das nach Hause in sich Selbst gefunden hat und dafür sei glücklich und dankbar!

22. ZAHLENMEDITATION

Gestatte Dir, dass die äußere Welt während der nun folgenden Zahlenmeditation unwichtig wird, und richte Deine Aufmerksamkeit von der Außenwelt in Deine lichte Innenwelt.

Mache es Dir nun ganz bequem und schließe Deine äußeren, physischen Augen, sodass sich die inneren Augen, wie beim Träumen auch, wieder aktivieren.

Richte nun Deine Gedanken auf Deinen Atem und mach Dir bewusst: „Atem ist Leben, er verbindet mich mit allem SEIN."

Wenn Du einatmest, erlaube, dass aus der kosmischen unerschöpflichen Lichtquelle weiß-goldenes Licht mit Deinen Atem in den Körper fließt und beim Ausatmen entlasse alle Gedanken und Sorgen des Alltages, schicke diese nach Hause in den Lichtquell der All-Eins-Liebe zur Wandlung, in das Meer des Friedens.

Ruhe, Frieden und Stille breiten sich in Dir aus.

Erinnere Dich, Gedanken sind Kräfte und Deine Vorstellungskraft ist die Werkstatt Gottes. Stell Dir nun vor, dass vor Deinem inneren Auge ein großer, heller und einladender Raum entsteht.

Er verkörpert Deine innere Zahlengalerie. Angenehme Atmosphäre empfängt Dich hier und so schreite an die erste große Zahlentafel, welche Dich hier strahlend und leuchtend empfängt.

Stell Dich vor die 1 und erkenne, sie ist es, die Dich einhüllt und durchdringt. Erlaube, dass die Strahlen der 1 Dich durchdringen und erfüllen.

Es ist die Kraft des EINEN, der in Allem und durch Alles wirkt.

Die männliche Energie, die All-Eins-Liebe, welche wertfrei und unpersönlich wirkt.

Die 1 verkörpert das Selbst in Dir, den Vater, das Bewusstsein, Deine Seele, die immer war und immer sein wird. Ein ungetrennter Teil dieser einen Lichtkraft, die alle Namen in sich trägt.

Im Tarot ist die 1 der Magier, er kennt die geistigen Gesetze und durch seinen Willen ist ihm alles möglich.

Hier empfängst Du deine innere Führungskraft. Sie beinhaltet die Idee, den Gedanken, den Einfall, die Inspiration. Nimm diese Kraft dankbar in Dir an und vereint mit dem Yang Prinzip, oder wie C.G. Jung diese Kraft den Animus bezeichnete, schreite nun freudvoll weiter und so gelangst Du zur nächsten Tafel, welche Dich strahlend empfängt.

Hier umarmt und durchdringt Dich die Schwingung der 2. Das weibliche Prinzip. Die Mutter, Mater, der Körper. Im Tarot die Hohepriesterin.

Auch sie kennt die geistigen Gesetzmäßigkeiten und bringt den Willen des Einen in die Materie. Alles, was in Materie verkörpert ist, symbolisiert die 2.

Diese Schwingung verleiht Dir die Geduld, die Beharrlichkeit, Ausdauer, es ist die ausführende Kraft.

Er, die 1, gibt den Samen, die Idee, und sie, die 2, bäckt den Samen, oder führt die Idee aus. Die 2 beinhaltet auch das Prüfen. Jeder hat das Recht und die Möglichkeit des Prüfens. „Prüfet und nehmet das Beste."

Du darfst den Weizen von der Spreu trennen. Achte auf Deine Gefühle.

Die 2 ist das Spüren im Bauch. Fühle, was gut, stimmig und richtig für Dich ist. Es ist Deine Intuition.

Diese Schwingung beinhaltet auch die Analyse, das Zerlegen, Trennen, Teilen, Erklären und Erläutern. Und so vereint mit der 2, dem Yin Prinzip oder auch Anima genannt, schreite nun freudvoll weiter zur nächsten Zahlentafel, welche Dich strahlend und leuchtend empfängt.

Es ist die 3, welche Dich einhüllt und durchdringt. Die Schwingung der 3 gibt Dir das Sozialempfinden, Gemeinschaftsgefühl.
 Im Tarot ist es hier die Kaiserin. Die Erdenmutter, die für alle ihre Liebe einbringt. Sie repräsentiert den Familiensinn-, den Sozial- und Gemeinschafts-Sinn.
 In der 3 ist auch Dein inneres Kind repräsentiert. Die Dreieinigkeit von der Seele, dem Vater, dem Körper, der Mutter und Dich als Mensch, mit dem Verstand, dem Denken, Deinem Geist.
 Hier empfängst Du die innere Familie und wie Innen, diese innere Kommunikation stattfindet, die Dreieinigkeit. So kommuniziere freudvoll auch mit der Kommune, Deiner Familie, der Menschheit da draußen. Erfreue Dich am liebevollen Miteinander – teilen.
 Nun schreite langsam und freudvoll weiter zur nächsten Zahlenschwingung die Dich hier strahlend empfängt und einhüllt.

Im Tarot symbolisiert die Zahl 4 den Kaiser. Er ist es, der aufbauend und erschaffend tätig ist. Die 4 verkörpert die Tat, das Handeln, das Handwerk, die Kunst, das kreative Erschaffen und die Werkzeuge dafür sind Deine Arme und Hände, welche als Verlängerung des Herzens gelten.
 So benutze sie freudvoll, helfend, aufrichtend und kreativ erschaffend.
 Die 4 ist es auch, die Dir die vier Elemente im Körper widerspiegelt.
 Sie beinhaltet das Wasserelement, die Nieren und die Blase, das Feuerelement, das Herz, den Dünndarm und den Blutkreislauf, das Luftelement symbolisiert Deine Lunge, die Bronchien und den Dickdarm.

Das Erdelement Deinen ganzen Verdauungstrakt. Erkenne die 4 als allumfassenden Teil in Dir und auch außerhalb von Dir. Genauso wie die vier Himmelsrichtungen. Wie außen, so innen, wie oben, so unten und an den Seiten.

Vereint mit dieser Schwingung schreite nun weiter zur nächsten Zahlentafel, der 5. Lass Dich von ihr durchdringen und erfüllen.

Sie verkörpert im Tarot den Hohepriester. Auch er kennt wie die Hohepriesterin die geistigen Gesetzmäßigkeiten und bringt sie in die Wirkung.
  Hier empfängst Du auch Deinen inneren Archetypus, den Arzt, Helfer und Heiler. Die 5 ist der Diener, die Dienerin, die dem Selbst, dem Wesen in Dir und allen Wesen da draußen dienlich ist. Durch die 5 fühlst Du die geistigen Gesetzmäßigkeiten als das gewisse Wissen, Dein Gewissen in Dir. Diese haben ihren Sitz in der Körpermitte, im Sonnengeflecht. Hier fühlst Du, ob etwas gut und richtig ist.
  Die 5 wird in allen Konfessionen gelehrt. Diese geistigen Gesetze sind in jeder Konfession beinhaltet. Religio, die Rückbindung, beinhaltet alle Konfessionen. Sie ist der ganze Kuchen. Eine Konfession ist ein Stück daraus. Oft schließen diese sich gegenseitig aus und sind dadurch eng, fanatisch denkend und auch handelnd. Prüfe für Dich, was gut und stimmig ist. Spüre aus Deiner Mitte heraus und so wirst Du Dir und anderen heilsam dienen, dem Vater-Mutter-Selbst in Dir, so wie den Nächsten.

Dankbar und freudvoll vereint mit der Schwingung der 5 schreite nun weiter zur nächsten Zahlentafel, die Dich freudvoll und strahlend empfängt.

Hier hüllt Dich die 6 mit ihrer Schwingung ein und durchdringt Dich.
  Im Tarot sind dies hier die Liebenden.

Mach Dir bewusst, in Dir sind männlich und weiblich, Gott und Göttin, Animus und Anima, Yin und Yang, Geliebter und Geliebte.

Es ist das Ein- und Ausatmen, sie gehören ganz einfach zusammen, wie Plus und Minus. Ihnen, den Geliebten, gehört auch die Schöpfungskraft.

Sie wird als Kundalini, oder auch Heil- und Sexualkraft bezeichnet.

Diese Kraft ist es, welche jeden Deiner Gedanken und Deine inneren Bilder befruchtet und vereint mit dem Gefühl in der Materie erscheinen lassen.

Durch diese Kraft bist Du geistig heilend und erschaffend tätig.

Nimm diese Schwingung freudvoll und dankbar entgegen und lass Dich durch sie auch auf die Suche und Entdeckungsreise Deiner Selbst führen.

Hier findest Du auch die Pionierkraft, die der Forscher, der Entdecker, der Finder benötigt.

Genieße freudvoll diese Kraft in Dir und lass sie durch Dich zum Ausdruck bringen. Und vereint mit ihr schreite nun weiter zur nächsten Zahlentafel, der 7.

Die 7 empfängt Dich nun strahlend und leuchtend. Sie ist es, die Dir die Schwingung des Sieges vermittelt, der Vollständigkeit. Im Tarot ist dies der Siegeswagen. So wie der aufgeschlüsselte Regenbogen die 7 Farben des Lichtes im Prisma zeigt, gibt es auch 7 Töne, wie die Woche 7 Tage in sich birgt. So hast auch du 7 Körper. Dein 1. und 7. Körper sind Lichtkörper.

Es ist Dein innerster Seelenkörper und Dein äußerster Buddhi, Brahma, Himmels- oder Lichtkörper genannt. Er nährt Dich als Säugling über die Fontanelle und später, wenn diese zugewachsen ist und Dein freier Wille eintritt, Du Dich also mit Deiner Persönlichkeit identifizierst, dann nährt Dich dieser Körper über verschiedene Orte an Deinem grobstofflichen Körper. Welche über Dein Geburtsdatum erkennbar sind.

Deine anderen 5 Körper sind:
1. Dein grobstofflich, physischer Körper und
2. Dein feinstofflich, psychischer Körper oder Emotionskörper genannt,
3. Dein Mental- und Verstandeskörper und der
4. Körper ist Dein Energie- oder Aurakörper, als
5. Körper, zwischen den beiden Lichtkörpern, trägst Du Deinen Astralkörper, welcher nachts, wenn Du im Tiefschlaf bist, auf „Reisen" geht und sich mit dem äußersten Lichtkörper verbindet und damit Dein Nervenkleid stärkt.

Erst wenn alle 7 Körper wieder in der harmonischen Lichtschwingung sind, ist Deine Inkarnationsreise siegreich beendet.

Es gibt auch die 7 Erzengel, welche Deine Brüder und Schwestern im Licht sind und die Strahlen des Lichtes hüten und lenken. Bitte sie um Führung, und sie zeigen und weisen Dir ebenso Deinen Weg.

Lass Dich nun von der Schwingung der 7 siegreich ins Licht, in die Alleinheit führen und schreite nun freudvoll vereint mit ihr weiter zur nächsten Zahlentafel.

Hier empfängt Dich nun die Schwingung der Ausgleichung, der Harmonie und Ordnung.

Im Tarot ist es die Ausgleichung oder die Waage, die alles wieder in die Waagschale bringt. Alles kommt wieder in Einklang, in den Ausgleich.

Hier findest Du die Gesetzmäßigkeiten auch auf irdischer Ebene, die Dir helfen, dass Du Dich disziplinierst und Deine innere Ordnung sowie die Äußere herstellst.

Alles, was durch den unkontrollierten Verstand in Disharmonie gebracht wird, muss wieder von diesem Wesen in die Ordnung oder Gesundheit gelangen. Die 8 ermahnt Dich zur Achtsamkeit.

Achte auf Deine Gedanken, Deine Worte und Taten. Die Natur hilft Dir in ihrer Sprache und zeigt Dir ihre Weisheit. Auch sie hilft wieder Ordnung herstellen. So fliegt die Fliege die Schwingung der 8, damit sie Disharmonien wieder in Harmonien bringt. Die Spinne zeigt Dir die Botschaft der 8. Sie hat 8 Beine und ihr Körper trägt durch zwei lappenförmige Teile die 8 in sich. Sie erinnert Dich daran, dass Du ein liebevolles, goldenes Netz der Verbindung von Mensch zum Mensch und zur Natur wiederherstellen sollst und Dich nicht in die eigenen, negativen Gedanken einspinnst. Achte, wie Du Deine Worte einbringst in das Orchester der Schöpfung. Erkenne, alles ist Schwingung und Kraft. Der Gesang der Vögel ist es, der die Natur zum Wachstum anregt. Alles unterstützt und hilft, damit Harmonie und Ordnung, Gesundheit in Dir und um Dich entstehen. Die 8 vermittelt Dir die Freude an der Kunst, der Musik, der Lyrik. Denn auch sie sind es, die Harmonie, Gesundheit und Einklang erzeugen.

Vereint mit der Schwingung der 8, schreite nun weiter zur nächsten Zahlentafel, der 9, die Dich mit ihrer weisen Strahlung einhüllt und durchdringt.

Die 9 im Tarot, der Eremit oder Einsiedler, bringt dich in die Weisheit in Dir. Lass Dich von dieser Schwingung durchdringen und erfüllen und erkenne, hier findest Du den Lehrer und Schüler gleichzeitig. Auch das weise dosieren wird Dir hier gelehrt. Den unkontrollierten Wortschwall des Verstandes loslassen und erkennen, oft ist weniger mehr. Reden ist Silber, Schweigen ist Gold. Sprich immer Deine Wahrheit aus, aber manches Mal wäre alles zu viel, so verpacke es weise. Weise dosiert, mit Liebe überbracht. Erkenne, es braucht auch die Zeit der Ruhe, damit Du wieder aktiv sein kannst. So wie das Einatmen und Ausatmen gleichmäßig sein sollen. Das Zwangsbeglücken und Missionieren, lass es los. Wenn Dich jemand um Rat bittet, gib ihm diesen freudvoll und weise.

Jeder braucht seine eigene Erfahrung des Lernens und seine Zeit des Experimentierens, damit er selbst entscheidet, wann er nach Hause in sich selbst kommen möchte. Erst wenn dem einen das Leid, leid genug geworden ist, ist er oftmals bereit für tiefes Wissen und Weisheit und kann diese dann in Empfang nehmen. So ist für alles immer die richtige Zeit.

Wenn eine Knospe zu früh aufgebrochen wird, kann sie sich nie mehr richtig zu ihrer Vollendung, ihrer Schönheit entfalten. So braucht alles seine Zeit. Lehre und lerne mit Freude. Teile weise mit, was Du für dich erkannt hast und sei offen für den neuen Geist, den Augenblick, die Weisheit, die im Augenblick steckt.

So vereint mit der Schwingung der Weisheit, schreite freudvoll und dankbar weiter zur nächsten Zahlentafel.

Hier empfängt Dich die 0.

Im Tarot symbolisiert sie den Narren und der Narr ist es, der die Weisheit, die Wirklichkeit und die Wahrheit ausspricht. Im julianischen Zahlenprinzip, zur Zeit Gregors also, war ein absolutes, dominantes und dogmatisches Denken vorherrschend. Die 0 hatte hier keinen Raum. Die 0 ist es aber, die die Wandlung, die Veränderung, die Transformation und die Reform bedeutet. Christoph Kolumbus war der Narr, der behauptete, die Erde sei eine Null, die Kugel und nicht die Scheibe, wie alle damals „wussten". Martin Luther war der Reformer. Er hatte als Lebenszahl die 0. Diese Wandlungszahl ist es, die uns vom dogmatischen, alteigesessenem Denken in neues, freudvolles, leichtes, beschwingtes Denken hineinwachsen lässt. Es ist die Leichtigkeit des Seins in der 0 enthalten, wie Genialität der Einfachheit. So wie das Kind und der Narr es ganz einfach erkennen, erkenne auch in Dir die Einfachheit des Seins. Erkenne Dich im Fluss des Lebens getragen und niemals steigst Du in den gleichen Fluss. Immer ist die Situation eine andere, neue. Weil die Zeit ebenso außergewöhnlich, einzigartig und neu ist. So wertschätze jeden Augenblick als einen außergewöhnlichen und lass festgefahrene Gedankenmuster los, die Dein inneres und äußeres Wachstum behindern. Erkenne Dich in der Null mit ALLEM eins und wisse, es existiert nichts außerhalb von Dir, wessen Teil Du nicht wärst. Also zeigt Dir das Maß Deiner Verurteilungen auch ganz genau, mit welchem Teil Deiner Vergangenheit, seit Du als Lichtwesen auf die Bühne des Lebens gingst und das Experiment des Dich selbst Vergessens gewählt hast, Du Dich noch nicht versöhnt hast.

Erkenne im da draußen, den Spiegel, in Dir drinnen. Wie außen, so innen, wie oben, so unten. So bist Du ein Mikrokosmos zum Makrokosmos Schöpfung. Liebe Dich Selbst, Dein wahres lichtvolles Sein und dann wirst Du Dich in allem Sein wieder erkennen. Versöhne Dich mit Deiner Vergangenheit, die du auf der Bühne des Lebens, als noch schlafender Gott, als unbewusstes Wesen kreiert und erzeugt hast und erwache als das Lichtwesen, das Du bist. Erlaube Dir die Zeit der Freude. Erlaube Dich in der Leichtigkeit des Ich-bin-Bewusstseins getragen, geführt und begleitet wissen. Uns als das erwachte und bewusste Lichtwesen, das Du bist, kehre nun wieder langsam aus Deiner inneren Zahlengalerie in Deine Außenwelt. Spüre Deinen Körper, die Göttin, die Dich trägt, voller Liebe, wertschätze und achte ihn. Bitte den Vater, Deine Seele, die Deinen Weg kennt, um Führung und lass Deinen Geist, Dein heiles Denken, heilsam, vereinigend und freudvoll wirken.

Nun öffne wieder Deine äußeren, physischen Augen. Recke und strecke Deine Arme und Beine, wie nach einem gesunden Schlaf und sei wieder ganz im Hier und Jetzt. Als das, was Du wirklich bist.

Ein erwachtes Lichtwesen!

Die Licht- und Zahlenmeditation sind bei mir auf CD erhältlich.

23. DIE LIEBE

Es spricht die Liebe in Dir, die Liebe, die Du warst und immer sein wirst. Verbinde Dich weder mit dem Schmerz noch mit der Trauer, sondern öffne Dich wieder in die Liebe hinein. In das, was Dir wirklich die Heilung bringt.

Denn die Liebe ist nicht nur in Dir, sondern DU BIST SIE!

Es gibt nur einen Raum in Dir für die Liebe, öffne den Herzensraum in Dir, dort kannst Du die Liebe in Dir wahrnehmen, in Dich aufnehmen, Dich durchdringen lassen.

ICH BIN immer da! In Zeiten der Not, wenn Du ganz alleine bist, wenn Du Dich abgeschnitten fühlst vom Leben, von Deiner Lebendigkeit, dann kehre wieder in diesen Herzensraum herein. ICH BIN immer da!

Ich habe Dich nie allein gelassen, ich werde Dich nie allein lassen. Wie könnte ich Dich je allein lassen, da Du doch die Liebe bist. Die Liebe heilt – so weißt Du es. So heilt sie Dich und sie heilt alles um Dich herum, wenn Du liebevoll mit dem Außen umgehst, so kann auch das Außen, das Dich umgibt, ins Heil gelangen.

Wenn Du alles in Liebe einhüllst, in Liebe betrachtest, wenn Du mit liebenden Augen nach außen gehst, wirst Du auch von liebenden Augen retour angeblickt. Die Liebe ist. Jedoch, wo sie sich entfalten kann, so wie jetzt, in diesem Moment, durch Dein geöffnetes Herz, wird sie ein kraftvolles Feld. Du kannst so vieles bewirken, alles in Dir und in Deinem Außen.

Wo immer Du Dich krank und abgeschnitten fühlst vom Heilstrom, verbinde Dich wieder mit der Liebe, die Du bist.

Denn die Liebe in Dir, die Du bist – sie heilt Dich!

Die Wahrheit ist, es gibt kein krankes Sein – nur das heile Sein. Das ist die tiefe Wahrheit. Lass die Illusion des kranken Seins los und öffne Dich für die tiefe Wahrheit dahinter, für das heile Sein. In Deinem Herzensraum begegnest Du dieser Wahrheit.

So hast Du den Heiler immer in Dir!

Es ist lediglich das Erkennen, dass Du heil bist, das Du benötigst. Betrachte Dich mit liebenden Augen, betrachte Deine Lebenssituation mit liebenden Augen. Erkenne in allem was Dich umgibt, dass der Ursprung die Liebe ist. Was immer im Moment an Kummervollem, Leidvollem in Dir sein mag, erkenne, dass es nicht der Wirklichkeit entspricht.

Hinter allem Leidvollem ist immer auch die Liebe, die dich heilt. Wenn du also einen Kummer, einen Schmerz hast, ob es nun ein seelischer oder ein körperlicher Schmerz ist. Was immer es sein mag, betrachte es jetzt mit liebenden Augen und erkenne, dass Deine Wahrheit das heile Sein ist. Weder der Schmerz, noch der Kummer ist Deine Wahrheit.

Betrachte Dich mit liebenden Augen! Diese Augen heilen Dich!

Gehe wieder in die Verbindung Deiner göttlichen Wahrheit, Deines göttlichen Seins.

Hinter dem Sichtbaren liegt die Wahrheit. Wenn Du das, was Dir Kummer bereitet, mit liebenden Augen betrachtest, bringst Du es wieder in seine göttliche Ordnung. Das einzige, das Dich heilt, ist die Liebe. Bleibe verankert in dieser Wahrheit.

ICH BIN DIE LIEBE
GOTT-VATER-MUTTER-SELBST IN DIR SEGNEN DICH!

24. HEILUNGS-GEBET

Ich (voller Name) breche hiermit im Namen meines göttlichen Bewusstseins alle Gelübte, Schwüre, Eide, Versprechungen, Einweihungen, Verpflichtungen des Leidens und des Weggebens meiner Kraft sowie jeglicher Pakte, welche der Verstand je auf der Bühne des irdischen Lebens erschaffen hat.

Alles was ich in den verschiedensten Rollen auf der Bühne des Lebens je im unbewussten, noch schlafenden, personellen Sein, seit dem Anfang aller Zeiten, bis in das Hier und Heute erzeugt habe – all das unbewusst Erschaffene hat jetzt ausgedient!

Ich (voller Name) erteile mir hiermit die volle Erlaubnis, dass ich dem wahren und göttlichen Pfad meiner Seele folge.

Ich (voller Name) beauftrage nun, aus dem tiefsten Grund meines Seins, alle fremde Wesen und dunkle Energien, welche sich in meinem Körper oder in meinem Energiefeld bisher aufgehalten haben mögen, dass sie hier und jetzt meinen Körper verlassen und von den lichten Wesen dorthin begleitet werden, wo sie ihre Weiterentwicklung in Liebe erhalten. Danke!

Ich (voller Name) gebiete nun, aus dem tiefsten Grunde meines Seins, allen Aspekten meiner Selbst, welche ich über das ganze Universum hinweg gestreut habe, dass sie jetzt nach Hause kehren in mich Selbst, in die Einheit des Seins, in die innere Auferstehung gehen.

Nach Hause zum Gott-Vater-Mutter-Selbst in mir.

Ich (voller Name) bitte die Energie meines heilen Geistes, dass hier und jetzt die absolute Führung für meinen Körper, dem Tempel der Seele, übernommen wird.

Dafür danke ich Gott-Vater-Mutter-Selbst in mir!

25. EPILOG

Dieses Buch möchte aus der 2013 in die neue Zeit hinein begleiten und ist für all jene gedacht, denen das Leid leid genug geworden ist. Diejenigen, welche bei aufgesetzten Meinungen anderer und konventionellen Denk- und Verhaltensmustern ein ungutes Gefühl in der Bauchgegend empfunden haben, sind ganz besonders eingeladen, dass sie ihren wahren Gefühlen wieder Glauben schenken und aus ihrem Leben ein freudvolles Kunstwerk gestalten.

Denn Deine Gedanken, deren Bilder und Gefühle sind es, die Dein Leben erzeugen.

Wer sich für etwaige Seminare interessiert, hier unter:

www.ich-du-alle.com
ida.linner@drei.at

**Ich wünsche Dir auf Deinem Weg von Herzen alles erdenklich Liebe.
Ida**